새로운 도서, 다양한 자료
동양북스 홈페이지에서 만나보세요!

www.dongyangbooks.com
m.dongyangbooks.com

홈페이지 도서 자료실에서 학습자료 및 MP3 무료 다운로드

PC

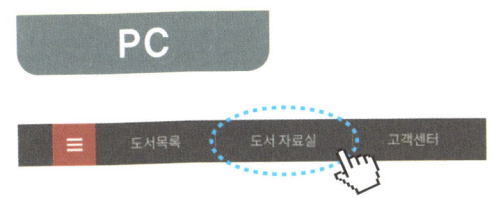

❶ 홈페이지 접속 후 도서 자료실 클릭
❷ 하단 검색 창에 검색어 입력
❸ MP3, 정답과 해설, 부가자료 등 첨부파일 다운로드
　* 원하는 자료가 없는 경우 '요청하기' 클릭!

MOBILE

* 반드시 '인터넷, Safari, Chrome' App을 이용하여 홈페이지에 접속해주세요. (네이버, 다음 App 이용 시 첨부파일의 확장자명이 변경되어 저장되는 오류가 발생할 수 있습니다.)

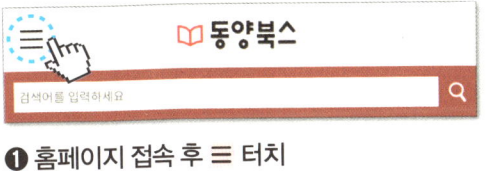

❶ 홈페이지 접속 후 ≡ 터치

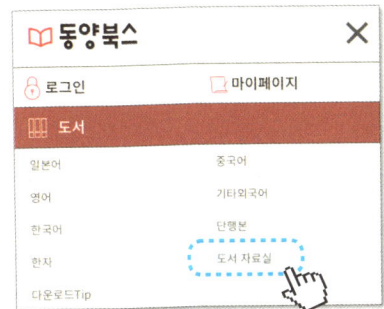

❷ 도서 자료실 터치

❸ 하단 검색창에 검색어 입력
❹ MP3, 정답과 해설, 부가자료 등 첨부파일 다운로드
　* 압축 해제 방법은 '다운로드 Tip' 참고

미래와 통하는 책

가장 쉬운 독학
일본어 첫걸음
14,000원

버전업! 굿모닝
독학 일본어 첫걸음
14,500원

일단 합격하고 오겠습니다
JLPT 일본어능력시험 N3
26,000원

일본어 100문장 암기하고
왕초보 탈출하기
13,500원

가장 쉬운 독학
중국어 첫걸음
14,000원

가장 쉬운 중국어
첫걸음의 모든 것
14,500원

일단 합격 新HSK
한 권이면 끝! 4급
24,000원

중국어
지금 시작해
14,500원

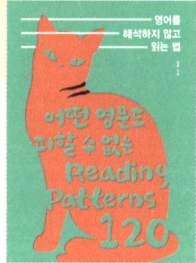
영어를 해석하지 않고
읽는 법
15,500원

미국식
영작문 수업
14,500원

세상에서 제일 쉬운
10문장 영어회화
13,500원

영어회화
순간패턴 200
14,500원

가장 쉬운 독학
베트남어 첫걸음
15,000원

가장 쉬운 독학
프랑스어 첫걸음
16,500원

가장 쉬운 독학
스페인어 첫걸음
15,000원

가장 쉬운 독학
독일어 첫걸음
17,000원

동양북스 베스트 도서

THE
GOAL 1
22,000원

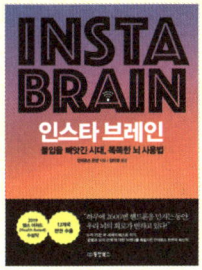
인스타
브레인
15,000원

직장인, 100만 원으로
주식투자 하기
17,500원

당신의 어린 시절이
울고 있다
13,800원

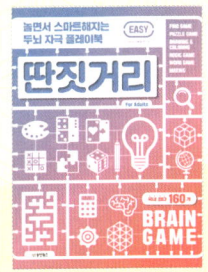
놀면서 스마트해지는 두뇌 자극
플레이북 딴짓거리 EASY
12,500원

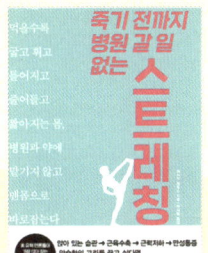
죽기 전까지
병원 갈 일 없는 스트레칭
13,500원

가장 쉬운 독학
이세돌 바둑 첫걸음
16,500원

누가 봐도 괜찮은 손글씨 쓰는
법을 하나씩 하나씩 알기 쉽게
13,500원

가장 쉬운 초등 필수 파닉스
하루 한 장의 기적
14,000원

가장 쉬운 알파벳 쓰기
하루 한 장의 기적
12,000원

가장 쉬운 영어 발음기호
하루 한 장의 기적
12,500원

가장 쉬운 초등한자 따라쓰기
하루 한 장의 기적
9,500원

세상에서 제일 쉬운
엄마표 생활영어
12,500원

세상에서 제일 쉬운
엄마표 영어놀이
13,500원

창의쑥쑥 환이맘의
엄마표 놀이육아
14,500원

동양북스
www.dongyangbooks.com
m.dongyangbooks.com

 를 검색하세요

https://www.youtube.com/channel/UC3VPg0Hbtxz7squ78S16i1g

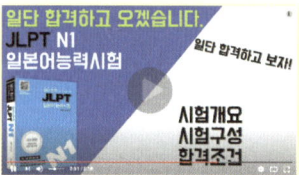  

JLPT
HSK
제2외국어

동양북스는 모든 외국어 강의영상을 무료로 제공하고 있습니다.
동양북스를 구독하시고 여러가지 강의 영상 혜택을 받으세요.

https://m.post.naver.com/my.nhn?memberNo=856655

NAVER 동양북스 포스트
를 팔로잉하세요

동양북스 포스트에서 다양한 도서 이벤트와
흥미로운 콘텐츠를 독자분들에게 제공합니다.

중국어뱅크

스마트 중국어 작문 ❷

김준헌·王惠敬 지음

동양북스

초판 5쇄 | 2021년 10월 5일

지은이 | 김준헌 · 王惠敬
발행인 | 김태웅
편　집 | 신효정, 양수아
디자인 | 남은혜, 신효선
마케팅 | 나재승
제　작 | 현대순

발행처 | ㈜동양북스
등　록 | 제 2014-000055호
주　소 | 서울시 마포구 동교로22길 14 (04030)
구입 문의 | 전화 (02)337-1737　팩스 (02)334-6624
내용 문의 | 전화 (02)337-1762　dybooks2@gmail.com

ISBN 979-11-5703-017-0 14720
ISBN 978-89-98914-96-7 (세트)

ⓒ 김준헌 · 王惠敬, 2014

▶ 본 책은 저작권법에 의해 보호를 받는 저작물이므로 무단 전재와 복제를 금합니다.
▶ 잘못된 책은 구입처에서 교환해 드립니다.
▶ 도서출판 동양북스에서는 소중한 원고, 새로운 기획을 기다리고 있습니다.
　 http://www.dongyangbooks.com

이 도서의 국립중앙도서관 출판시도서목록(CIP)은 서지정보유통지원시스템 홈페이지(http://seoji.go.kr)와
국가자료공동목록시스템(http://www.nl.go.kr/kolisnet)에서 이용하실 수 있습니다.
(CIP제어번호: CIP2014022208)

머리말

　<스마트 중국어 작문> 제1권의 원고를 완성하여 출판사에 넘긴 지 반년 이상의 시간이 지나고 드디어 제2권을 상재(上梓)하게 되었습니다. 애당초 두 권을 한 세트로 하는 중국어 작문 학습서를 염두에 두고 원고 작성에 덤벼들기는 하였으나, 속편은 첫 권 이상의 산고를 거쳐야 했습니다. 제1권과의 연관성을 가지면서도 좀 더 수준 높은 중국어 작문 능력을 배양하기 위해서는 어떤 패턴, 어떤 형식의 학습서가 필요할까? 이는 원고 작성 과정에서 저희 두 사람을 줄곧 괴롭혀온 과제였습니다. 그러한 과제를 성공적으로 수행하기 위하여, 그리고 학습자들에게 실질적인 도움을 줄 수 있는 학습서여야 한다는 대원칙을 지키기 위하여 절반 이상 완성했던 원고를 중도에 폐기처분하고 처음부터 다시 내용을 구성해야만 했던 일도 이제는 웃으며 이야기할 수 있는 추억이 되었습니다. 그 탓에 마감 예정일을 지키지 못 하는 불상사도 있었지만요.

　이 책은 학습자가 이미 단문 작문 위주의 첫 권을 학습하였다는 것을 전제로 하여 단문과 단문의 조합, 즉 복문 작문 위주의 연습을 제공합니다. 따라서 독자 여러분들이 학습해야 하는 단어, 표현 및 관련어구들도 이전보다 한 단계 혹은 두 단계 정도 업그레이드되어 있습니다. 전체적으로 新HSK 5급 혹은 6급 정도의 어휘 수준이라고 보면 크게 차이는 나지 않을 것입니다. 그렇지만 필자들이 고안해낸 다양한 유형의 많은 작문 문제들을 연습하다 보면, 예전에는 어렵게만 느껴졌던 두 줄 이상의 중국어 문장을 머리 속에서 조합하고 있는 자신을 발견하게 될 것입니다. 또한 일부 문제 중에는 학습자들이 중국어 표현을 연상하는 데 도움을 주기 위하여 일부러 중국어 직역 형식의 우리말 표현을 사용하였으니 너무 이상하다고 꾸중하지 마시기 바랍니다.

　각 과의 뒤에는 지금 막 공부한 표현들이 중국의 소설이나 수필 속에 어떻게 등장하는지 보여주는 부록을 준비했습니다. 중국에서도 손꼽히는 작가들이 우리 책에 등장하는 각종 관련어구와 표현들을 어떻게 작품 속에 녹여 넣고 있는지 한 번 감상해 보시기 바랍니다. 다만, 이 책에서 인용한 작가와 작품의 선정은 전적으로 필자의 개인적인 독서 취향이 반영된 결과이며, 원문의 아래에 표시한 우리말 번역 또한 학습자 여러분들의 편의를 위하여 중국어 직역을 위주로 하였음을 밝혀둡니다.

　이 <스마트 중국어 작문> 시리즈의 편집을 위하여 수고한 동양문고 중국어 편집부의 조희준 이사님과 최미진 과장님께 감사드립니다.

지은이 김준헌, 王惠敬

01 긴축문(緊縮文) — 8

1. 越＋A＋越＋B/越来越 | 2. 再＋A＋也＋B | 3. 不＋A＋不＋B | 4. 不＋A＋也＋B |
5. 주어＋非＋A＋不可

02 시간연속복문 — 22

1. P＋接着＋Q | 2. 一＋P＋就＋Q | 3. (起初)＋P＋后来＋Q | 4. 주어＋(先)＋P＋再＋Q |
5. 首先＋P＋然后＋(再/又)＋Q

03 병렬복문 — 36

1. (也)＋P＋也＋Q | 2. 不是＋P＋而是＋Q | 3. 一边＋P＋一边＋Q | 4. 有时＋P＋有时＋Q |
5. 又＋P＋又＋Q | 6. 既＋P＋又＋Q

04 선택복문 — 50

1. 或者＋P＋或者＋Q | 2. 不是＋P＋就是＋Q | 3. 也许＋P＋也许＋Q |
4. 与其＋P＋不如＋Q | 5. 宁可＋P＋也(不)/决(不)＋Q

05 원인결과관계복문 — 64

1. 因为＋P＋所以＋Q | 2. 由于＋P＋因此/因而＋Q | 3. 由于＋P[원인], Q[결과] |
4. 既然＋P＋就/也＋Q | 5. 주어＋之所以＋P＋是因为＋Q

06 복습 — 77

07 점층관계복문 88

1. 连 + 一 + 양사 + 명사 + 都/也 + 不/没(有) + 동사(형용사) | 2. 不但 + P + 而且 + Q |
3. (A) 不仅 + P + 就是 + (주어) + 也 + Q/(B) 不仅 + P + 而且 + Q |
4. 不但 + P(부정문) + 反而 + Q(긍정문) | 5. 除了 + P + (以外) + 还 + Q

08 양보관계복문 102

1. 虽然 + P + 但是/不过 + Q | 2. 哪怕 + P + 也 + Q | 3. 即使 + P + 也 + Q |
4. 尽管 + P + 还是 + Q | 5. P + 只是 + Q

09 가정관계복문 116

1. 要是 + P + (的话) + (就/还) + Q | 2. 如果 + P + (的话) + (就) + Q |
3. 幸亏 + P + 才 + Q | 4. P + 不然 + Q

10 목적관계복문 128

1. 为了 + P + (就) + Q | 2. 为了 + P + 才 + Q + (的) | 3. P + 是为了 + Q |
4. P(동사구) + 以 + Q(동사구) | 5. P + 以便 + Q | 6. P + 以免 + Q

11 조건관계복문 140

1. 只要 + P(일반조건) + 就/便 + Q | 2. 只有 + P(절대조건) + 才 + (能) + Q |
3. 不管 + P + 都/也 + Q | 4. 无论 + P + 都/也 + Q

12 복습 153

별책 • 연습문제 정답 및 해석

이 책의 소개

<스마트 중국어 작문 2>는 중국어 중급 학습자를 대상으로 하는 교과서 형식의 작문 교재입니다. 특히 <스마트 중국어 작문 1>에서 배운 기본 어법 실력을 활용하여, 단문과 단문을 엮어 비교적 긴 복문을 만들어 볼 수 있도록 고안된 이 교재는 현직 대학교수의 노하우와 강의 경험이 고스란히 담긴 체계적이고 전문적인 작문 교재라고 할 수 있습니다. <스마트 중국어 작문 2>를 따라 착실히 학습하며, 막연하게 느껴졌던 긴 중국어 문장을 직접 작문해 보세요. 책을 마무리할 때쯤, 기초적인 작문 수준을 넘어 원어민 같은 유창한 중국어 실력을 뽐내는 자신을 발견할 수 있게 될 것입니다.

어떤 문제든 척척 잘 풀 수 있도록 미리 단어를 익혀 보세요. 잘 익혀두면 연습문제를 바로 바로 풀 수 있습니다!

이번 과에서는 어떤 내용을 배우게 될지 미리 볼 수 있습니다. 마음의 준비를 하고, 시~작!

<스마트 중국어 작문 2>에서는 제1권에서 배운 기본 어법 실력을 활용하여, 단문과 단문을 엮어 복문으로 만들어 볼 수 있도록 구성하였습니다. 중국어의 여러 복문 구조 중, 사용빈도가 가장 높고 꼭 알아두어야 할 구문으로만 책에 실었습니다. 저자의 노하우가 담긴 구문 설명과 다양한 연습문제를 따라 연습해 보세요. 어렵게만 느껴졌던 두 줄 이상의 복문도 척척 작문해낼 수 있게 될 겁니다.

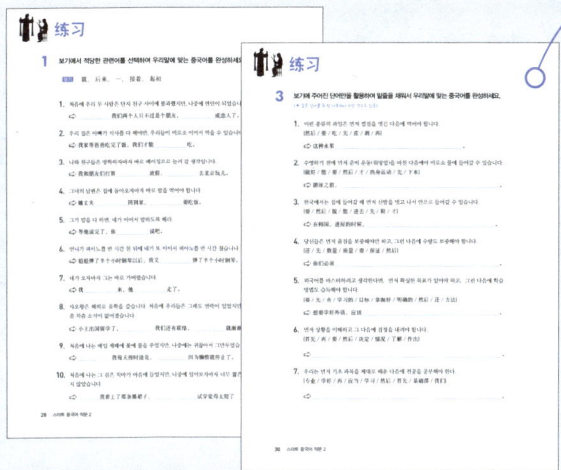

작문을 잘 하기 위해서는 다양한 형태의 문제를 많이 풀고 스스로 여러 차례 써 보는 것이 가장 중요합니다. 이 책은 다양하고 풍부한 문제를 수록하여 여러 문제를 푸는 과정에서 학습자가 자연스럽게 중국어로 작문하는 습관을 들일 수 있도록 하였으며, 중국어 작문에 대한 막연한 불안감을 떨쳐주고 자신감을 가질 수 있도록 배려하였습니다.

각 과에서 배운 복문들이 실제 문학작품에서는 어떻게 쓰였는지 직접 중국의 소설과 수필을 통해 확인해 볼 수 있습니다. 재미있는 글 한 편 읽는다 생각하고 가볍게 읽어 보세요!

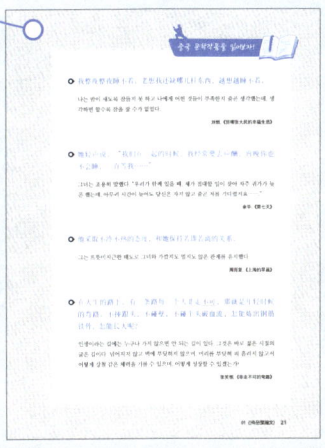

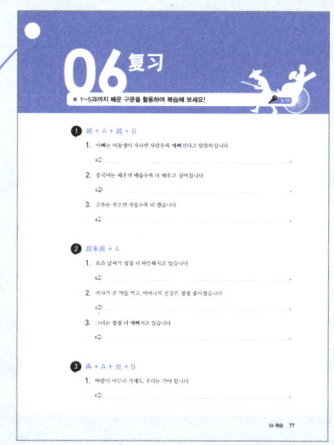

1~5과, 7~11과에서 배운 내용을 복습과에서 다시 한 번 학습해 봅니다. 스스로도 마무리 하는 느낌으로 그동안 배웠던 것들을 잘 기억하여 직접 작문해 보세요.

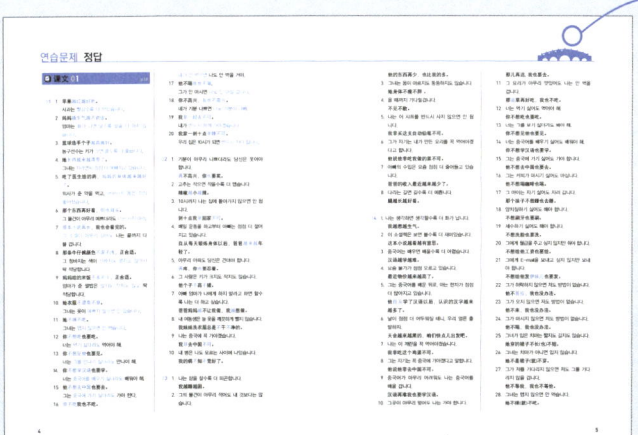

별책: 연습문제 정답
본책에서 공부하고 연습했던 문제의 답을 확인할 수 있습니다.
문제와 답을 함께 실어 별책만 가지고 다니면서 따로 학습이 가능하니, 다양하게 활용해 보세요!

긴축문(緊縮文)

학습목표

1. 越 + A + 越 + B: 'A'하면 할수록 더욱 더 'B'하다
   越来越: 더욱 더 ~하다, 점점 더 ~하다
2. 再 + A + 也 + B: (제)아무리 'A'하더라도 'B'하다
3. 不 + A + 不 + B: 'A'하지도 않으면서 'B'하지도 않는다 /
   만약 'A'하지 않으면 'B'하지 않는다
4. 不 + A + 也 + B: 비록 'A'가 아니라고 하더라도 'B'하다,
   만약 'A'가 아니라고 한다면 'B'하다
5. 주어 + 非 + A + 不可: 반드시 'A'하지 않으면 안 된다

生词

- 暖和 nuǎnhuo 형 따뜻하다, 온난하다
- 黑夜 hēiyè 명 어두운 밤
- 白天 báitiān 명 대낮
- 门口 ménkǒu 명 입구
- 厚 hòu 형 두껍다
- 摔 shuāi 동 넘어지다, 쓰러지다
- 约会 yuēhuì 동 약속하다
- 篮球 lánqiú 명 농구, 농구공
- 药 yào 명 약
- 牛仔裤 niúzǎikù 명 청바지
- 深 shēn 형 깊다
- 浅 qiǎn 형 얕다
- 颜色 yánsè 명 색, 색깔
- 米饭 mǐfàn 명 쌀밥
- 辣椒 làjiāo 명 고추
- 辣 là 형 맵다
- 锻炼 duànliàn 동 단련하다
- 年轻 niánqīng 형 젊다
- 忍 rěn 동 견디다, 참다
- 困 kùn 형 힘들다, 피곤하다
- 瘦 shòu 형 여위다
- 胖 pàng 형 살찌다
- 支 zhī 양 가느다란 물건을 세는 양사
- 自动铅笔 zìdòng qiānbǐ 명 샤프펜슬
- 菜 cài 명 요리, 반찬
- 腿 tuǐ 명 다리
- 物价 wùjià 명 물가
- 出发 chūfā 명동 출발(하다)
- 鸡蛋 jīdàn 명 계란
- 裙子 qúnzi 명 치마
- 咖啡 kāfēi 명 커피
- 刷牙 shuā//yá 동 이를 닦다
- 工资 gōngzī 명 임금, 급료
- 等 děng 동 기다리다
- 答应 dāying 동 승낙하다, 대답하다
- 穿鞋 chuān xié 신발을 신다
- 理睬 lǐcǎi 동 상대하다
- 慌忙 huāngmáng 형 서두르다, 허둥지둥하다
- 声响 shēngxiǎng 명 소리
- 明白 míngbai 형 명백하다 동 알다

语法

긴축문의 정의와 패턴

정의: 두 개의 독립된 문장으로 표현할 수도 있는 내용을 하나의 단문으로 축약한 형태를 '긴축문'이라고 한다. 일반적으로 두 종류의 술어가 등장하지만, 주어는 하나인 경우가 대부분이다. 두 종류의 술어 사이에는 '就 jiù', '也 yě', '还 hái' 등과 같은 관련어(구)를 삽입하여 앞뒤의 내용을 서로 긴밀하게 연결시킨다.

간혹 보이는 주어가 두 개인 긴축문은 복문의 일종으로 간주되기도 하지만, 중복되는 내용을 생략하여 문장의 단순화, 간략화를 추구한다는 점에서 일반적인 복문과는 차이가 있다. 비록 복문의 축소판이라고 하더라도 긴축문만으로 가정, 양보와 같이 복문이 나타낼 수 있는 의미 유형을 상당 부분 표현할 수 있다.

---

1 越 yuè + A + 越 yuè + B   'A'하면 할수록 더욱 더 'B'하다
　越来越 yuèláiyuè   더욱 더 ~하다, 점점 더 ~하다

1. **越 yuè + A + 越 yuè + B**: 'A'와 'B'에는 '형용사(구)' 혹은 '동사(구)'가 들어간다. 'A'의 동작이나 현상이 진행될수록 'B'의 동작이나 현상이 더욱 더 심화발전됨을 표현한다.

    爸爸说，妹妹越大越漂亮。
    汉语越学越想学。

2. **越来越 yuèláiyuè**: '더욱 더 ~하다', '점점 더 ~하다'는 뜻을 나타내는 관용구로, 시간이 경과함에 따라서 정도가 더욱 심해진다는 뜻을 나타낸다.

    最近天气越来越暖和了。
    天越来越黑了。

2 再 zài + A + 也 yě + B   (제)아무리 'A'하더라도 'B'하다

'A'에는 형용사(구), 'B'에는 동사(구)를 사용하는 것이 일반적이지만, 간혹 'A'에 동사(구)를 사용하는 경우도 있다. 의미적으로 볼 때, 가정양보를 나타내기 때문에 비록 'A'라는 상황이 발생한다고 하더라도 'B'라는 결과 혹은 결론에는 변함이 없을 것임을 표현한다.

黑夜再长，白天也要来。
风再大，我们也要去。

3 不 bù + A + 不 bù + B   'A'하지도 않으면서 'B'하지도 않는다 /
만약 'A'하지 않으면 'B'하지 않는다

1 'A'와 'B'에 같은 뜻 혹은 비슷한 뜻의 단음절 동사나 형용사를 넣어서 'A하지도 않으면서 B하지도 않는다'는 뜻을 표현한다.

他不言不语，我不知道他到底想什么？
我妹妹不吃不喝，最近瘦了很多。

2 'A'와 'B'에 서로 반대의 뜻을 가진 동사(구)를 넣어서 '만약 A하지 않으면 B하지 않는다'는 뜻을 표현한다.

明天下午在校门口见面，不见不散。
今年冬天非常冷，衣服不厚不行。

4 不 bù + A + 也 yě + B   비록 'A'가 아니라고 하더라도 'B'하다,
만약 'A'가 아니라고 한다면 'B'하다

'A'와 'B'는 둘 다 동사(구) 혹은 형용사(구)인 경우도 있고, 한쪽이 형용사(구), 다른 한쪽이 동사(구)인 경우도 있다. 'A'가 양보와 가정의 두 가지 의미를 동시에 혹은 별도로 나타낼 수 있기 때문에 문맥에 따라서 오해를 초래하지 않도록 사용하여야 한다.

你不喜欢吃中国菜也没办法，现在没有别的。
你不高兴也不能摔杯子啊！

语法

❺ 주어 + 非 fēi + A + 不可 bùkě 　반드시 'A'하지 않으면 안 된다

'A'에는 대부분 동사(구)가 오지만, 명사(구), 대명사가 오는 경우도 있다. 이중부정의 형태를 취하여 어떤 일의 필연성이나 화자의 바람, 강력한 의지 등을 강조하는 구문을 만든다. '不可'는 '不行 bùxíng'이나 '不成 bùchéng'으로 바꾸어도 괜찮다.

　　睡觉以前，你非把作业写完不可。
　　明天的约会，我非去不可。
　　这件事你非办不成。

1 　밑줄 친 부분의 우리말 번역을 채워 넣으세요.

1. 苹果<u>越红越好吃</u>。
   ⇨ 사과는 _____.

2. 妈妈<u>越生气越</u>不说话。
   ⇨ 엄마는 _____.

3. 篮球选手个子<u>越高越好</u>。
   ⇨ 농구선수는 키가 _____.

4. 她长得<u>越来越漂亮了</u>。
   ⇨ 그녀는 _____.

5. 吃了医生给的药，<u>妈妈的身体越来越好了</u>。
   ⇨ 의사가 준 약을 먹고, _____.

6. 那个东西<u>再好看，你也别买</u>。
   ⇨ 그 물건이 아무리 예쁘더라도 _____.

7. <u>那本小说再长</u>，我也会看完的。
   ⇨ _____ 나는 끝까지 다 볼 겁니다.

8. 那条牛仔裤颜色<u>不深不浅</u>，正合适。
   ⇨ 그 청바지는 색이 _____ 딱 적당합니다.

9. 妈妈给的米饭<u>不多不少</u>，正合适。
   ⇨ 엄마가 준 쌀밥은 _____ 딱 적당합니다.

10. 她衣服<u>不漂亮不穿</u>。
    ⇨ 그녀는 옷이 _____.

练习

11. 她<u>不辣不吃</u>。

　　⇨ 그녀는 _____.

12. 你<u>不想吃</u>也要吃。

　　⇨ 너는 _____ 먹어야 해.

13. 你<u>不想见他</u>也要见。

　　⇨ 너는 _____ 만나야 해.

14. 你<u>不想学汉语</u>也要学。

　　⇨ 너는 _____ 배워야 해.

15. 他<u>不想去中国</u>也要去。

　　⇨ 그는 _____ 가야 한다.

16. <u>你不吃</u>我也不吃。

　　⇨ _____ 나도 안 먹을 거야.

17. 他不喝<u>我也不喝</u>。

　　⇨ 그가 안 마시면 _____.

18. 你不高兴，<u>我也不高兴</u>。

　　⇨ 네가 기분 나쁘면 _____.

19. 我<u>非一起去不可</u>。

　　⇨ 내가 _____.

20. 我家一到十点<u>非睡不可</u>。

　　⇨ 우리 집은 10시가 되면 _____.

2. 보기에서 적당한 관련어를 선택하여 우리말에 맞는 중국어를 완성하세요.
(★ 한 개의 괄호에는 한 글자만 들어갈 수 있고, 같은 한자를 반복하여 사용할 수 있음)

보기   可, 来, 不, 也, 非, 越, 再

1. 기분이 아무리 나쁘더라도 당신은 웃어야 합니다.
   ⇨ _____不高兴，你_____要笑。

2. 고추는 작으면 작을수록 더 맵습니다.
   ⇨ 辣椒_____小_____辣。

3. 10시까지 나는 집에 돌아가지 않으면 안 됩니다.
   ⇨ 到十点我_____回家_____。

4. 매일 운동을 하고부터 아빠는 점점 더 젊어지고 있습니다.
   ⇨ 自从每天锻炼身体以后，爸爸_____ _____ _____年轻了。

5. 아무리 아파도 당신은 견뎌야 합니다.
   _____疼，你_____要忍着。

6. 그 사람은 키가 크지도 작지도 않습니다.
   ⇨ 他个子_____高_____矮。

7. 아빠 엄마가 나에게 하지 말라고 하면 할수록 나는 더 하고 싶습니다.
   ⇨ 爸爸妈妈_____不让我做，我_____想做。

8. 내 여동생은 늘 옷을 깨끗하게 빨지 않습니다.
   ⇨ 我妹妹洗衣服总是_____干_____净的。

9. 나는 중국에 꼭 가야겠습니다.
   ⇨ 我_____去中国_____。

10. 내 병은 나도 모르는 사이에 나았습니다.
    ⇨ 我的病_____知_____觉好了。

练习

3 보기에 주어진 단어만을 활용하여 우리말에 맞는 중국어를 완성하세요.
(★ 같은 단어를 두 번 사용해야 하는 경우도 있음)

1. 나는 잠을 잘수록 더 피곤합니다. [睡 / 我 / 越 / 困]

   ⇨ _____。

2. 그의 물건이 아무리 적어도 내 것보다는 많습니다.
   [也 / 我的 / 少 / 他的 / 再 / 比 / 多 / 东西]

   ⇨ _____。

3. 그녀는 몸이 마르지도 뚱뚱하지도 않습니다. [她 / 瘦 / 胖 / 不 / 身体]

   ⇨ _____。

4. 올 때까지 기다릴 겁니다. [散 / 见 / 不]

   ⇨ _____。

5. 나는 이 샤프를 반드시 사지 않으면 안 됩니다. [自动铅笔 / 支 / 非 / 不可 / 这 / 买 / 我]

   ⇨ _____。

6. 그가 자기는 내가 만든 요리를 꼭 먹어야겠다고 합니다.
   [他 / 我 / 不可 / 菜 / 说 / 吃 / 做 / 非 / 的]

   ⇨ _____。

7. 아빠의 수입은 요즘 점점 더 줄어들고 있습니다.
   [少 / 收入 / 爸爸 / 越来越 / 的 / 最近 / 了]

   ⇨ _____。

8. 다리는 길면 길수록 더 예쁩니다. [长 / 好看 / 腿 / 越]

   ⇨ _____。

4. 다음 우리말을 중국어로 바꾸세요. (★ 지시문이 있으면 지시문에 따를 것)

A. [越 + A + 越 + B], [越来越] 연습

1. 나는 생각하면 생각할수록 더 화가 납니다.

   ⇨ _____。

2. 이 소설책은 보면 볼수록 더 재미있습니다.

   ⇨ _____。

3. 중국어는 배우면 배울수록 더 어렵습니다.

   ⇨ _____。

4. 요즘 물가가 점점 오르고 있습니다.

   ⇨ _____。

5. 그는 중국어를 배운 뒤로, 아는 한자가 점점 더 많아지고 있습니다.
   ['~한 후로'는 '自从'을 사용할 것]

   ⇨ _____。

6. 날이 점점 더 어두워질 테니, 우리 얼른 출발하자.

   ⇨ _____。

B. [주어 + 非 + A + 不可] 연습

7. 나는 이 계란을 꼭 먹어야겠습니다.

   ⇨ _____。

8. 그는 자기는 꼭 중국에 가야겠다고 말합니다.

   ⇨ _____。

练习

C. [再 + A + 也 + B] 연습

9. 중국어가 아무리 어려워도 나는 중국어를 배울 겁니다.

⇨ _____ 。

10. 그곳이 아무리 멀어도 나는 가야 합니다.

⇨ _____ 。

11. 그 요리가 아무리 맛있어도 나는 안 먹을 겁니다. ['요리'의 양사는 '道'를 사용할 것]

⇨ _____ 。

D. [不 + A + 也 + B] 연습

12. 너는 먹기 싫어도 먹어야 해.

⇨ _____ 。

13. 너는 그를 보기 싫더라도 봐야 해.

⇨ _____ 。

14. 너는 중국어를 배우기 싫어도 배워야 해.

⇨ _____ 。

15. 그는 중국에 가기 싫어도 가야 합니다.

⇨ _____ 。

16. 그는 커피가 마시기 싫어도 마십니다.

    ⇨ _____ 。

17. 그 아이는 자기 싫어도 자러 갑니다.

    ⇨ _____ 。

18. 양치질하기 싫어도 해야 합니다.

    ⇨ _____ 。

19. 세수하기 싫어도 해야 합니다.

    ⇨ _____ 。

20. 그에게 월급을 주고 싶지 않지만 줘야 합니다.

    ⇨ _____ 。

21. 그에게 E-mail을 보내고 싶지 않지만 보내야 합니다. ['E-mail'은 '伊妹儿'을 사용할 것]

    ⇨ _____ 。

22. 그가 허락하지 않으면 저도 방법이 없습니다. ['허락하다'는 '答应'을 사용할 것]

    ⇨ _____ 。

23. 그가 오지 않으면 저도 방법이 없습니다.

    ⇨ _____ 。

24. 그가 마시지 않으면 저도 방법이 없습니다.

    ⇨ _____ 。

E. [不 + A + 不 + B] 연습

25. 그녀가 입은 치마는 짧지도 길지도 않습니다.

⇨ _____ 。

26. 그녀는 치마가 아니면 입지 않습니다.

⇨ _____ 。

27. 그가 저를 기다리지 않으면 저도 그를 기다리지 않을 겁니다.

⇨ _____ 。

28. 그녀는 맵지 않으면 안 먹습니다.

⇨ _____ 。

29. 그는 소고기가 아니면 안 먹습니다.

⇨ _____ 。

30. 신발은 신어보지 않으면 맞는지 안 맞는지 모릅니다.

⇨ _____ 。

31. 그는 나를 상대도 하지 않아, 나를 무척 화나게 합니다.

⇨ _____ 。

32. 그는 아무런 소리도 없이 교실로 들어왔습니다.

⇨ _____ 。

33. 그는 일 처리가 언제나 침착합니다. ['언제나'는 '总是'를 사용할 것]

⇨ _____ 。

34. 그는 말을 애매모호하게 해서, 나는 그의 뜻을 모르겠습니다. ['明白'를 활용할 것]

⇨ _____ 。

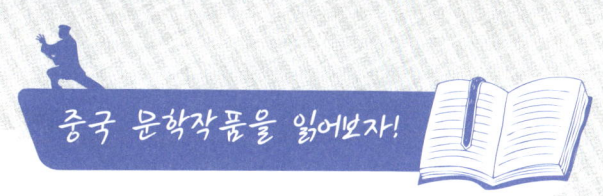

- 我整夜整夜睡不着，老想我还缺哪几样东西，越想越睡不着。

    나는 밤이 새도록 잠들지 못 하고 나에게 어떤 것들이 부족한지 줄곧 생각했는데, 생각하면 할수록 잠을 잘 수가 없었다.

    刘恒,《贫嘴张大民的幸福生活》

- 她轻声说，"我们在一起的时候，我经常要去应酬，再晚你也不会睡，一直等我……"

    그녀는 조용히 말했다. "우리가 함께 있을 때, 제가 접대할 일이 잦아 자주 귀가가 늦곤 했는데, 아무리 시간이 늦어도 당신은 자지 않고 줄곧 저를 기다렸지요……."

    余华,《第七天》

- 他采取不冷不热的态度，和她保持若即若离的关系。

    그는 뜨뜻미지근한 태도로 그녀와 가깝지도 멀지도 않은 관계를 유지했다.

    周而复,《上海的早晨》

- 在人生的路上，有一条路每一个人非走不可，那就是年轻时候的弯路。不摔跟头，不碰壁，不碰个头破血流，怎能炼出钢筋铁骨，怎能长大呢?

    인생이라는 길에는 누구나 가지 않으면 안 되는 길이 있다. 그것은 바로 젊은 시절의 굽은 길이다. 넘어지지 않고 벽에 부딪히지 않으며, 머리를 부딪혀 피 흘리지 않고서 어떻게 강철 같은 체력을 기를 수 있으며, 어떻게 성장할 수 있겠는가?

    张笑恒,《非走不可的弯路》

시간연속복문

학습목표

1. P + 接着 + Q: 'P'에 이어서 'Q'하다
2. 一 + P + 就 + Q: 'P'하자마자 바로 'Q'하다
3. (起初) + P + 后来 + Q: (애당초) 'P'하였으나 그 후에는(나중에는) 'Q'하였다
4. 주어 + (先) + P + 再 + Q: '주어'가 (먼저) 'P'하고나서 'Q'하다
5. 首先 + P + 然后 + (再/又) + Q: 먼저 'P'하고 그 다음에 'Q'하다

生词

- 抽屉 chōuti 명 서랍
- 刮风 guā//fēng 동 바람이 불다
- 讨论 tǎolùn 동 토론하다
- 去世 qùshì 명동 서거(하다), 사망(하다)
- 忍不住 rěnbuzhù 견디지 못하다, 참지 못하다
- 哭 kū 동 울다
- 狐狸 húli 명 여우
- 兔子 tùzi 명 토끼
- 口水 kǒushuǐ 명 침
- 流 liú 동 흐르다
- 老乡 lǎoxiāng 명 고향
- 地震 dìzhèn 명 지진
- 发生 fāshēng 명동 발생(하다)
- 吓 xià 동 놀라다
- 不知所措 bùzhī suǒcuò 어찌 할 바를 모르다
- 看法 kànfǎ 명 관점
- 意见 yìjiàn 명 의견, 견해
- 调查 diàochá 명동 조사(하다)
- 资料 zīliào 명 자료
- 提出 tíchū 동 제출하다
- 报告 bàogào 명동 보고(하다)
- 参观 cānguān 동 참관하다, 구경하다
- 故宫 Gùgōng 명 고궁
- 游览 yóulán 동 관광하다
- 尝 cháng 동 맛보다
- 合唱 héchàng 명동 합창(하다)
- 独唱 dúchàng 명동 독창(하다)
- 掌握 zhǎngwò 동 파악하다, 알다
- 基础 jīchǔ 명 기초
- 漂白粉 piǎobáifěn 명 표백제
- 洗衣粉 xǐyīfěn 명 세제
- 验血 yàn//xuè 동 피검사를 하다
- 化验室 huàyànshì 명 화학실험실, 화학분석실
- 咳嗽 késou 동 기침을 하다
- 海边 hǎibiān 명 해변
- 晕车 yùn//chē 동 차멀미를 하다
- 弹钢琴 tán gāngqín 피아노를 치다
- 拉小提琴 lā xiǎotíqín 바이올린을 켜다
- 仇人 chóurén 명 원수
- 打算 dǎsuan 동 ~할 작정이다, ~할 생각이다
- 油腻 yóunì 형 느끼하다, 기름기가 많다

语法

시간연속복문의 정의와 패턴

정의: 각각의 구(句)가 시간의 흐름에 따라서 연속적으로 발생하는 사건이나 상황을 서술하는 문형을 '시간연속복문'이라고 한다. 복문 속의 구들은 사건이 발생한 시간 순서내로 배열하여야 하기 때문에, 앞뒤 구의 순서를 바꾸어 서술하면 문맥이 통하지 않는다는 특징이 있다. 관련어(구)를 사용하지 않는 시간연속복문도 있지만, 여기서는 관련어(구)로 서로 연결된 문형만을 다룬다.

* 앞으로 복문에 포함되는 각각의 절(종속절과 주절) 혹은 구를 기호 'P'와 'Q'로 대신 표기한다.

1   P + 接着 jiēzhe + Q   'P'에 이어서 'Q'하다

동작 'P'가 먼저 발생하고 이어서 'Q'라는 동작이 발생한다는 뜻을 표현한다. 여기서 '接着'는 'P'와 'Q'를 연결하는 접속사로 쓰여서 첫 번째 동작이 완료됨에 따라 연속적으로 또 다른 동작이 이어진다는 뜻, 다시 말해서 두 개의 동작 사이를 자연스럽게 이어주는 매개체 역할을 한다. 두 동작의 전후관계를 좀 더 분명히 하기 위하여 'P'의 술어 동사 앞에 '先 xiān'을 넣기도 한다.

만약 '接着'가 '부사'로 쓰인다면 같은 동작이 계속해서 발생함을 나타내게 된다.

1 **접속사 용법**

   我每天起床，接着喝一杯咖啡。
   王老师说完话，接着从抽屉里拿出一张纸了。
   先是大风刮起，接着就是大雨下起来了。

2 **부사 용법**

   明天上午我们接着讨论讨论。
   我说完了，你接着说吧。

❷ 一 yī + P + 就 jiù + Q   'P'하자마자 바로 'Q'하다

'P'의 동작이나 상황이 발생하자마자 시간 간격을 거의 두지 않고 곧바로 'Q'의 동작이나 상황이 바로 이어짐을 표현한다. 의미적으로 볼 때, 'P'는 'Q'의 현상이 발생하기 위한 조건이나 가정이라고 볼 수 있다. 'P'와 'Q'에는 형용사(구), 동사(구), 주술구 등이 올 수 있다. 첫 번째 동작이 끝나고 두 번째 동작이 발생하기까지의 시간 간격이 '接着'에 비하여 훨씬 짧고 촉박하다는 점에서 서로 구분된다.

一放暑假，她就要回老乡去了。
我一想起去世的爷爷，就忍不住哭了。
狐狸一看到兔子，口水就流了下来。
每次地震一发生，每个人就吓得不知所措。

❸ (起初 qǐchū) + P + 后来 hòulái + Q
(애당초) 'P'하였으나 그 후에는(나중에는) 'Q'하였다

사건 'P'가 먼저 일어나고 그 이후에 'Q'라는 사건이 발생했다는 뜻을 표현한다. 순서로 볼 때, 사건 'P'가 먼저 발생하고 사건 'Q'는 그 다음에 발생하지만, 어쨌든 'P'와 'Q' 모두 '과거'에 이미 발생한 사건이어야 한다는 전제가 깔려 있다. 달리 말하면, '后来'를 '미래'와 관련된 내용에 대해서는 사용할 수 없다는 점을 명심해야 한다.
'P'와 'Q'에는 대개 주술구가 오며, '后来'와 대비시키기 위하여 'P'의 앞에 '起初 qǐchū(처음에는, 애당초)'를 덧붙이기도 한다.

他三年前回过一次国，后来没回去过。
我跟她见过几次面，后来我发现我们俩不太合适。
起初我学了英语，后来又学了汉语。

语法

❹ 주어 + (先 xiān) + P + 再 zài + Q   '주어'가 (먼저) 'P'하고나서 'Q'하다

'P'라는 동작이 먼저 완성되어야 'Q'라는 동작이 발생하게 될 것임을 표시한다. 'P'와 'Q'에는 동사(구), 형용사(구), 주술구 등이 올 수 있다.
동작의 순서는 시간의 흐름에 따라서 발생하지만, 반드시 '미래'의 일이나 습관적으로 반복되는 동작에 대해서만 사용할 수 있다는 전제 조건을 지켜야 한다.

1 미래의 일
我们(先)吃了饭再说吧。
我先回家去再给你打电话。
今天没有时间，明天再回答你的问题吧。

2 습관적인 동작
我每天都先做完作业再看电视。

❺ 首先 shǒuxiān + P + 然后 ránhòu + (再 zài/又 yòu) + Q
먼저 'P'하고 그 다음에 'Q'하다

'首先'의 뒤에 먼저 발생하는 사건 'P'를, '然后'의 뒤에 나중에 발생하는 사건 'Q'를 언급하여 '먼저 'P'하고 그 다음에 'Q'한다'라는 뜻을 표현한다. 'P'와 'Q'에는 동사(구), 주술구 등이 온다.
'然后'의 뒤에 미래의 사건을 언급할 때는 부사 '再 zài'를, 이미 발생한 과거의 사건을 언급할 때는 '又 yòu'를 덧붙여주는 경향이 있다.
'首先'을 '先'으로 바꾸어 쓰더라도 의미의 차이는 크지 않지만, 접속사인 '首先'은 대부분의 경우 문장의 첫머리(간혹 주어의 뒤)에 오고, 부사인 '先'은 술어 동사의 앞에 온다는 차이점이 있다.

1 首先 + P + 然后 + 再 + Q(미래의 사건)
首先我说我个人的看法，然后再听大家的意见。
首先大家调查资料，然后再提出报告。

2 首先 + P + 然后 + 又 + Q(과거의 사건)

首先刮了大风，然后又下了大雨。
我首先参观了故宫，然后又游览了长城。

3 주어 + 先 + P[동사(+ 목적어)] + 然后 + Q

你先尝一口，然后再说好不好吃。
今天的节目先是合唱，然后是每个人的独唱。

6 시간연속복문 정리

	관련어(전)	P	관련어(후)	Q	기타
❶	×	제1동작	接着	제2동작	'P'와 'Q'의 동작이 시간 순서로 발생
❷	一	제1동작	就	제2동작	두 동작 사이의 시간 간격이 거의 없음
❸	(起初)	제1동작	后来	제2동작	'P'와 'Q' 모두 이미 발생한 사건(과거)
❹	주어+(先)	제1동작	再	제2동작	습관적인 동작이나 미래의 일에 대해서만 사용가능
❺	首先	제1동작	然后+再	제2동작	'Q'는 미래의 사건
			然后+又		'Q'는 과거의 사건

练习

1 보기에서 적당한 관련어를 선택하여 우리말에 맞는 중국어를 완성하세요.

보기 就，后来，一，接着，起初

1. 처음에 우리 두 사람은 단지 친구 사이에 불과했지만, 나중에 연인이 되었습니다.
   ⇨ _____我们两个人只不过是个朋友，_____成恋人了。

2. 우리 집은 아빠가 식사를 다 해야만, 우리들이 비로소 이어서 먹을 수 있습니다.
   ⇨ 我家等爸爸吃完了饭，我们才能_____吃。

3. 나와 친구들은 방학하자마자 바로 베이징으로 놀러 갈 생각입니다.
   ⇨ 我和朋友们打算_____放假，_____去北京玩儿。

4. 그녀의 남편은 집에 돌아오자마자 바로 밥을 먹어야 합니다.
   ⇨ 她丈夫_____回到家，_____要吃饭。

5. 그가 말을 다 하면, 네가 이어서 말하도록 해라.
   ⇨ 等他说完了，你_____说吧。

6. 언니가 피아노를 반 시간 친 뒤에 내가 또 이어서 피아노를 반 시간 쳤습니다.
   ⇨ 姐姐弹了半个小时钢琴以后，我又_____弹了半个小时钢琴。

7. 내가 오자마자 그는 바로 가버렸습니다.
   ⇨ 我_____来，他_____走了。

8. 샤오왕은 해외로 유학을 갔습니다. 처음에 우리들은 그래도 연락이 있었지만, 나중에는 차츰 차츰 소식이 없어졌습니다.
   ⇨ 小王出国留学了，_____我们还有联络，_____就渐渐没有消息了。

9. 처음에 나는 매일 제때에 꽃에 물을 주었지만, 나중에는 귀찮아서 그만두었습니다.
   ⇨ _____我每天按时浇花，_____因为懒惰就停止了。

10. 처음에 나는 그 검은 치마가 마음에 들었지만, 나중에 입어보자마자 너무 짧은 것 같아서 사지 않았습니다.
    ⇨ _____我看上了那条黑裙子，_____ _____试穿觉得太短了_____没买。

2 우리말을 참고하여 밑줄을 적절한 중국어로 채우세요.

1. 너는 수학 숙제를 다한 다음에 이어서 방 청소도 해야 한다.
   ⇨ 你做完数学作业以后, _____。

2. 그는 고기만두를 열 개 먹은 다음에, 이어서 콜라 두 캔까지 마셨습니다.
   ⇨ _____, 接着还喝了两听可乐。

3. 내가 그 사람의 이름을 말하자마자 그녀의 얼굴이 바로 빨개졌습니다.
   ⇨ 我一说出他的名字, _____。

4. 그녀들은 백화점에 도착하자마자 바로 화장실로 갔습니다.
   ⇨ _____, 就去洗手间了。

5. 처음에 나는 중국어가 어렵다고 느꼈지만, 나중에는 재미있다고 느꼈습니다.
   ⇨ 起初我觉得汉语很难, _____。

6. 처음에 우리는 영화를 보고 나서 저녁밥을 먹으려고 생각했으나, 나중에 저녁밥을 다 먹고 영화를 보기로 결정했습니다.
   ⇨ _____, 后来就决定吃完晚饭再看电影了。

7. 너는 먼저 숙제를 다 마치고 밥을 먹거라.
   ⇨ 你先做完作业, _____。

8. 그는 매번 먼저 물을 한 잔 마시고 밥을 먹습니다.
   ⇨ 他每次都要_____, 再吃饭。

9. 우리가 먼저 다 보고 너희들이 봐라.
   ⇨ 我们先看完了, _____。

10. 처음에 나는 서울에 살았지만, 나중에 부산으로 이사했습니다.
    ⇨ 起初_____, 后来搬到釜山了。

练习

3 보기에 주어진 단어만을 활용하여 밑줄을 채워서 우리말에 맞는 중국어를 완성하세요.
(★ 같은 단어를 두 번 사용해야 하는 경우도 있음)

1. 이런 종류의 과일은 먼저 껍질을 벗긴 다음에 먹어야 합니다.
   [然后 / 要 / 吃 / 先 / 皮 / 剥 / 再]

   ⇨ 这种水果＿＿＿＿＿＿＿＿＿＿＿＿＿＿＿＿＿＿＿＿＿＿＿＿＿。

2. 수영하기 전에 먼저 준비 운동(워밍업)을 마친 다음에야 비로소 물에 들어갈 수 있습니다.
   [做好 / 能 / 要 / 然后 / 才 / 热身运动 / 先 / 下水]

   ⇨ 游泳之前，＿＿＿＿＿＿＿＿＿＿＿＿＿＿＿＿＿＿＿＿＿＿。

3. 한국에서는 집에 들어갈 때 먼저 신발을 벗고 나서 안으로 들어갈 수 있습니다.
   [要 / 然后 / 脱 / 能 / 进去 / 先 / 鞋 / 才]

   ⇨ 在韩国，进屋的时候，＿＿＿＿＿＿＿＿＿＿＿＿＿＿＿＿＿。

4. 당신들은 먼저 품질을 보증해야만 하고, 그런 다음에 수량도 보증해야 합니다.
   [还 / 先 / 数量 / 质量 / 要 / 保证 / 然后]

   ⇨ 你们必须＿＿＿＿＿＿＿＿＿＿＿＿＿＿＿＿＿＿＿＿＿＿。

5. 외국어를 마스터하려고 생각한다면, 먼저 확실한 목표가 있어야 하고, 그런 다음에 학습 방법도 습득해야 합니다.
   [要 / 先 / 有 / 学习的 / 目标 / 掌握好 / 明确的 / 然后 / 还 / 方法]

   ⇨ 想要学好外语，应该＿＿＿＿＿＿＿＿＿＿＿＿＿＿＿＿＿＿。

6. 먼저 상황을 이해하고 그 다음에 결정을 내려야 합니다.
   [首先 / 再 / 要 / 然后 / 决定 / 情况 / 了解 / 作出]

   ⇨ ＿＿＿＿＿＿＿＿＿＿＿＿＿＿＿＿＿＿＿＿＿＿＿＿＿＿＿。

7. 우리는 먼저 기초 과목을 제대로 배운 다음에 전공을 공부해야 한다.
   [专业 / 学好 / 再 / 应当 / 学习 / 然后 / 首先 / 基础课 / 我们]

   ⇨ ＿＿＿＿＿＿＿＿＿＿＿＿＿＿＿＿＿＿＿＿＿＿＿＿＿＿＿。

8. 먼저 세제로 깨끗이 씻은 다음 표백제를 사용하면, 셔츠가 더욱 하얗게 됩니다.
[然后 / 白 / 首先 / 衬衫 / 就 / 洗 / 用 / 再 / 干净 / 漂白粉 / 了 / 洗衣粉 / 更]

⇨ _____。

9. 먼저 교장 선생님께 말씀을 부탁드리고 그 다음에 선생님께서 발언해 주십시오.
[讲话 / 请 / 老师 / 校长 / 发言 / 然后 / 首先 / 再]

⇨ _____。

10. 먼저 화학검사실로 가서 피검사를 받은 다음에 엑스레이실로 가세요.
[首先 / 然后 / 到 / 再 / 请 / 验血 / X光室 / 化验室]

⇨ _____。

4 다음 우리말을 중국어로 바꾸세요.

A. [一 + A + 就 + B] 연습

1. 내가 담배를 피우자마자 그녀가 기침을 합니다.

⇨ _____。

2. 그녀는 먹자마자 토합니다.

⇨ _____。

3. 그는 입만 열면 배고프다고 합니다.

⇨ _____。

4. 너는 도착하자마자 바로 나에게 전화해라.

⇨ _____。

5. 그녀는 상점에 가서 예쁜 옷만 보면 사고 싶어합니다.

⇨ _____。

 练习

6. 나와 그는 만나자마자 바로 친한 친구가 되었습니다.

⇨ _____。

7. 우리는 수업을 마치자마자 바로 수영하러 갔습니다.

⇨ _____。

8. 여름이 되자마자 모두 해변으로 수영하러 갑니다.

⇨ _____。

9. 그녀는 차만 타면 멀미를 합니다.

⇨ _____。

10. 우리 언니는 대학을 졸업하자마자 결혼했습니다.

⇨ _____。

B. [P + 接着 + Q] 연습

11. 그녀는 옷을 다 차려입은 다음에 이어서 남자친구에게 전화를 걸었습니다.

⇨ _____。

12. 너는 오늘 오후에 피아노를 다 친 다음에 이어서 바이올린도 켜야 한다.

⇨ _____。

13. 네가 이어서 이 (새로 나온) 단어들을 읽도록 해라.

⇨ _____。

C. [起初 + P, 后来 + Q] 연습

14. 처음에 그는 돌아오겠다고 했지만, 나중에 또 사정이 생겨 돌아올 수 없게 되었다고 말했습니다.

⇨ _____ 。

15. 처음에 그들은 친한 친구였으나, 나중에 원수가 되었습니다.

⇨ _____ 。

16. 처음에 저는 베이징 오리구이를 주문해서 먹을 작정이었지만, 나중에 친구가 너무 느끼하다고 말해서 주문하지 않았습니다.

⇨ _____ 。

D. [先 + P, 再 + Q] 연습

17. 그는 매번 먼저 손을 씻고 밥을 먹습니다.

⇨ _____ 。

18. 우리 먼저 차를 한 잔 마시고 밥을 먹읍시다.

⇨ _____ 。

19. 우리가 먼저 다 하고 그들에게 하라고 합시다.

⇨ _____ 。

20. 딸 아이는 매일 먼저 양치를 하고 잠을 자러 갑니다.

⇨ _____ 。

중국 문학작품을 읽어보자!

- 她买菜的时候不像别人那样几个人挤在一起，一棵一棵地去挑选，而是把所有的菜都抱进自己的篮子，接着将她不要的菜再一棵一棵地扔出来。

    그녀가 채소를 살 때는, 다른 사람들처럼 우루루 한데 몰려서 하나씩 하나씩 고르지 않고, 일단 모든 채소를 다 자기 광주리에 집어넣은 다음, 이어서 불필요한 채소를 하나씩 하나씩 꺼내는 식이었다.

    余华,《许三观卖血记》

- 他说刘姐，你再给我一次机会，我要不好好地为人民服务，我一出门就撞在汽车上。

    그는 리우렌(刘莲)에게 말했다. "누님 다시 한 번 제게 기회를 주세요. 제가 인민을 위해서 열심히 봉사하지 않는다면 문을 나서자마자 차에 부딪히고 말 겁니다."

    阎连科,《为人民服务》

- 五民起初傻乎乎地笑着。众人也跟着笑，后来就不笑了。

    우민(五民)은 처음에 멍청하게 웃고 있었다. 다른 사람들도 따라서 웃자 나중에는 외려 웃음을 그쳤다.

    刘恒,《贫嘴张大民的幸福生活》

중국 문학작품을 읽어보자!

- 那几只羊一声不吭地看着热闹，接着又有十几只羊跺着蹄子去围观。

  그 몇 마리 양들은 찍소리도 내지 못 하고 (늑대에게 양이 먹히는) 난리를 지켜보고 있었고, 이어서 또 다른 열 몇 마리의 양들도 발굽을 동동 구르며 구경하러 다가갔다.

  姜戎,《狼图腾》

- 手握石斧和火把的原始人，是以战斗的姿态站立起来的。石斧首先是与野兽搏斗的战斗武器，然后才是获取食物的生产工具。

  돌도끼와 횃불을 손에 든 원시인은 싸우는 자세로 일어섰다. 돌도끼는 처음에는 짐승들과 싸우는 전투 무기였다가 나중에야 먹을 것을 채취하는 생산 도구가 되었다.

  姜戎,《狼图腾》

병렬복문

학습목표

1. (也) + P + 也 + Q: 'P'하기도 하고, 'Q'하기도 하다
2. 不是 + P + 而是 + Q: 'P'가 아니라 'Q'이다
3. 一边 + P + 一边 + Q: 'P'하면서 'Q'하다
4. 有时 + P + 有时 + Q: (때로는) 'P'하기도 하고, (때로는) 'Q'하기도 하다
5. 又 + P + 又 + Q: 'P'하기도 하고, 'Q'하기도 하다
6. 既 + P + 又 + Q: 'P'인데다 또한 'Q'하기도 하다

生词

- 冰激凌 bīngjīlíng 명 아이스크림
- 超市 chāoshì 명 수퍼마켓
- 鸡肉 jīròu 명 닭고기
- 手表 shǒubiǎo 명 손목시계
- 款式 kuǎnshì 명 스타일, 디자인, 모양
- 旅游 lǚyóu 명동 여행(하다)
- 聊天 liáo//tiān 동 잡담을 나누다
- 收音机 shōuyīnjī 명 녹음기
- 晴 qíng 형 맑다
- 阴 yīn 형 흐리다
- 才华 cáihuá 명 재능
- 食品 shípǐn 명 식품
- 营养 yíngyǎng 명 영양
- 热量 rèliàng 명 열량
- 做笔记 zuò bǐjì 필기를 하다
- 批评 pīpíng 명동 비평(하다)
- 相信 xiāngxìn 동 믿다
- 发动机 fādòngjī 명 엔진
- 熄火 xī//huǒ 동 엔진을 끄다, 불을 끄다
- 泡茶 pào chá (더운물에) 찻잎을 넣다
- 蜜蜂 mìfēng 명 꿀벌
- 勤劳 qínláo 형 부지런하다

- 春节 Chūn Jié 명 (음력) 설날
- 快餐店 kuàicāndiàn 명 패스트푸드점
- 盒饭 héfàn 명 도시락
- 捡 jiǎn 동 줍다
- 垃圾 lājī 명 쓰레기
- 冷淡 lěngdàn 형 냉담하다, 차갑다
- 摸不透 mōbutòu 파악하지 못하다
- 脾气 píqì 명 성격, 성질
- 滑冰 huá//bīng 동 스케이트를 타다
- 便服 biànfú 명 캐주얼, 편리한 복장
- 出差 chū//chāi 동 출장을 가다
- 枕头 zhěntou 명 베개

语法

병렬복문의 정의와 패턴

정의: 몇 개의 구(句) 혹은 절(節)을 나열하여 관련 상황을 묘사하거나 설명할 때, 'P' 혹은 'Q'로 표시된 각각의 구 혹은 절이 중요성이라는 측면에서 거의 동등한 가치를 지니는 복문을 '병렬복문'이라고 한다. 아무런 관련어(구) 없이 간단한 구를 여러 개 나열하는 형태의 병렬복문도 있기는 하지만, 이 과에서는 관련어(구)를 포함하는 병렬복문을 위주로 설명한다.

❶ (也 yě) + P + 也 yě + Q   'P'하기도 하고, 'Q'하기도 하다

'P'와 'Q'가 서로 비슷하거나 대립되는 상황임을 표현한다. 부사 '也'는 'P'와 'Q' 모두에 사용할 수도 있고, 'Q'에만 사용하는 경우도 있다.

1. **'P'와 'Q'의 주어가 다른 경우**

   这个冰激凌，我(也)想吃，弟弟也想吃。
   他(也)是学生，我也是学生。

2. **'P'와 'Q'의 술어가 다른 경우**

   她(也)会唱歌，也会跳舞。
   在一个小时之内，我把房间(也)整理好了，作业也写完了。

3. **'P'와 'Q'의 목적어가 다른 경우**

   超市里(也)有鸡肉，也有水果。
   我们学校里(也)有美国人，也有中国人。

❷ 不是 búshì + P + 而是 érshì + Q 'P'가 아니라 'Q'이다

서로 상반되는 'P'와 'Q'를 대비시켜서 'P'를 부정하고 'Q'를 긍정한다. 'P'와 'Q'에는 동사(구), 형용사(구), 명사(구)가 올 수 있으며, 'P'와 'Q'의 주어가 다른 경우에는 둘 다 주술구가 올 수도 있다. 'P'와 'Q'의 주어가 같다면, 'Q'의 주어는 생략한다. 'P'와 'Q'의 주어가 다르다면, '不是'는 문장의 첫머리에 써야 한다.
참고로 '而是'는 어떠한 경우에도 뒷 구의 첫머리에 온다.

　　我不是去看电影，而是去看医生。
　　决定未来的不是别人，而是自己。
　　这块手表不是性能不好，而是款式有点儿老。
　　不是我不想去旅游，而是爸爸不给我钱。

❸ 一边 yìbiān + P + 一边 yìbiān + Q 'P'하면서 'Q'하다

'P'와 'Q' 두 가지(혹은 그 이상의) 동작이나 상황이 동시에 진행됨을 표현한다. 'P'와 'Q'의 주어가 같다면 주어는 문장의 첫머리에 한 번만 쓰면 되고, 주어가 서로 다르다면 앞뒤에 각각 별도로 써주어야 한다. 그렇지만, '一边'이 주어보다 앞에 나오는 경우는 없다. 문법적으로는 'P'와 'Q'에 등장하는 동사의 뒤에 완료를 뜻하는 조사 '了₁'를 사용할 수 없다는 특징이 있다.
유사 표현으로는 '一面 yímiàn + P + 一面 yímiàn + Q'가 있다.

1 'P'와 'Q'의 주어가 같은 경우
　　我们一边吃饭，一边看电视。
　　他一边开车，一边听收音机。

2 'P'와 'Q'의 주어가 다른 경우
　　老师一边讲课，学生们一边做笔记。
　　妈妈一边做菜，爸爸一边跟她说话。

语法

3 **边 + A + 边 + B**: 의미는 '一边 + P + 一边 + Q'와 같다. 그러나 항상 한 개의 주어가 'A'와 'B' 두 개의 동작을 한다는 점, 'A'와 'B'에는 단음절 동사만 올 수 있다는 점에서 '一边 + P + 一边 + Q'와 구분된다.

咱们边吃边聊吧。
孩子们边唱边跳，真可爱。

4 **有时 yǒushí + P + 有时 yǒushí + Q**

(때로는) 'P'하기도 하고, (때로는) 'Q'하기도 하다

두 가지(혹은 그 이상의) 현상이 일정한 시간 혹은 기간 내에 연이어 발생함을 표현한다. 'P'와 'Q'에는 형용사(구), 동사(구), 주술구 등이 올 수 있다. '有时'는 대부분 술어(동사 혹은 형용사)의 앞에 오지만, 문장의 첫머리에 올 수도 있다.
문법적으로는 '了'('了$_1$'과 '了$_2$')를 사용할 수 없는 구문이라는 특징이 있다.

今天天气变化很大，有时晴，有时阴。
爸爸经常去外国，有时去中国，有时去日本，有时去英国。
有时妈妈去幼儿园接弟弟，有时爸爸去接。

5 **又 yòu + P + 又 yòu + Q**　　**'P'하기도 하고, 'Q'하기도 하다**

'P'와 'Q'라는 두 가지 동작이나 상황이 겹쳐져 있음을 표현하거나, 혹은 어떤 사람이나 사물에 'P'와 'Q'라는 두 가지 특징이 동시에 존재함을 나타내기도 한다.
'P'와 'Q'에는 의미와 구조가 서로 동일하거나 비슷한 형용사, 동사(구)를 써야 한다. 의미와 구조가 유사하기 때문에 'P'와 'Q'를 서로 바꾸어 쓸 수도 있다.

这家餐馆的菜又好吃又便宜。
她又唱又跳，热闹极了。
她又漂亮又聪明，真是个好学生。
妈妈又要上班，又要照顾我们，真辛苦。

❻ 既 jì + P + 又 yòu + Q   'P'인데다 또한 'Q'하기도 하다

화자가 'P'라는 상황에 대해 이미 인정한 상태에서 'Q'라는 새로운 상황이 덧붙여짐을 표현한다. 화자가 말하고자 하는 요점이 'P'보다는 'Q'에 있기 때문에 'P'와 'Q'를 서로 바꾸어 쓸 수는 없다.

'P'와 'Q'에 구조가 유사한 형용사(구), 동사(구) 등이 올 수 있다는 점에서, 의미상의 차이를 무시한다면, '又 + P + 又 + Q'와 바꾸어 쓸 수 있는 경우도 있다. 그러나 '又 + P + 又 + Q'에는 단음절 동사를 단독으로 사용할 수 있지만 '既 + P + 又 + Q'는 그렇게 할 수 없다는 구조적 차이도 존재하므로, 두 문형을 구분하여 작문 연습을 하는 것이 좋다.

我家既安静又干净。
他是个既有能力又有才华的职员。
她既喜欢音乐又喜欢数学。

* 她又唱又跳，热闹极了。(○) → 올바른 표현
　她既唱又跳，热闹极了。(×) → 틀린 표현: '既'의 뒤에는 단음절 동사를 쓸 수 없다.

❼ 병렬복문 정리

	관련어(전)	P	관련어(후)	Q	기타
❶	(也)	병렬사항	也	병렬사항	'P'와 'Q'는 서로 비슷하거나 상반됨
❷	不是	병렬사항	而是	병렬사항	'P'는 부정하고, 'Q'는 긍정함
❸	一边	동사(구)	一边	동사(구)	'了₁'은 사용할 수 없음
❹	有时	병렬사항	有时	병렬사항	'了₁', '了₂' 모두 사용할 수 없음
❺	又	형용사/동사(구)	又	형용사/동사(구)	두 가지 특징이 동시에 존재함
❻	既	형용사/동사(구)	又	형용사/동사(구)	'P'와 'Q'에 단음절 동사는 사용 불가

 **练习**

1 보기에서 적당한 관련어를 선택하여 우리말에 맞는 중국어를 완성하세요.
(★ 같은 단어를 두 번 사용해야 하는 경우도 있음)

> 보기   又，而是，也，既，有时，接着，一边，不是

1. 이런 종류의 식품은 영양도 있는 데다가 열량도 높지 않습니다.
   ⇨ 这种食品＿＿＿＿＿有营养，热量＿＿＿＿＿不大。

2. 아빠는 식사를 하시면서 무엇인가를 생각하고 있습니다.
   ⇨ 爸爸＿＿＿＿＿吃饭，＿＿＿＿＿在想什么。

3. 그녀는 중국어를 못하는 데다가 영어도 못합니다.
   ⇨ 她＿＿＿＿＿不会汉语，＿＿＿＿＿不会英语。

4. 선생님은 우리에게 수업하면서 필기하는 습관을 기르라고 요구합니다.
   ⇨ 老师要求我们养成＿＿＿＿＿上课、＿＿＿＿＿做笔记的习惯。

5. 사람들이 너를 비판하는 것이 아니라, 네가 정말로 일을 잘하지 못하는 거야.
   ⇨ ＿＿＿＿＿大家批评你，＿＿＿＿＿你真的做得不好。

6. 중국 동북 지역에서 생산된 쌀은 품질도 좋을뿐더러 생산량도 많습니다.
   ⇨ 中国东北地区出产的大米质量＿＿＿＿＿好，产量＿＿＿＿＿多。

7. 엄마는 허리가 아플 때도 있고 다리가 아플 때도 있어서, 길을 걸으려고 하면 무척 힘듭니다.
   ⇨ 妈妈＿＿＿＿＿腰疼，＿＿＿＿＿腿疼，走起路来很困难。

8. 내가 너를 믿지 않는 것이 아니라, 네가 거짓말을 너무 많이 해서 너를 감히 믿을 엄두가 나지 않는 것이다.
   ⇨ ＿＿＿＿＿我不相信你，＿＿＿＿＿你说谎说得太多了，让我不敢相信你。

9. 변호사라면 당연히 법률에 정통해야 하는 것은 물론이고 정의감도 있어야 합니다.
   ⇨ 作为一个律师＿＿＿＿＿应该精通法律，＿＿＿＿＿应该有正义感。

10. 이 자동차는 너무 낡아서 엔진이 걸리지 않을 때도 있고, 길에서 엔진이 꺼질 때도 있습니다.
    ⇨ 这辆汽车太老了，＿＿＿＿＿发动机不起动，＿＿＿＿＿在路上熄火。

2 우리말을 참고하여 밑줄을 적절한 중국어로 채우세요.

1. 올해 여기로 여행하러 온 사람은 감소한 것이 아니라 증가했습니다.
   ⇨ 今年来这里旅游的人不是减少了，_____。

2. 찻잎은 차를 우려낼 수도 있고, 베개를 만들 수도 있습니다.
   ⇨ 茶叶也可以泡茶，_____。

3. 그는 아침에도 공부하고 저녁에도 공부하더니, 마침내 좋은 대학에 합격했습니다.
   ⇨ 他早上也读，_____，终于考上了一所好大学。

4. 그는 쩨쩨한 것이 아니라 정말로 돈이 없습니다.
   ⇨ 他不是小气，_____。

5. 꿀벌은 무척 부지런해서 아침에도 일을 하고 저녁에도 일을 합니다.
   ⇨ 蜜蜂很勤劳，_____，晚上也做工。

6. 한 시간이라는 짧은 시간 동안, 나는 방도 다 정리했고 숙제도 다 했습니다.
   ⇨ 在短短的一个小时内，我把房间也整理好了，_____。

7. 올해 설날에 그들은 집이 아니라 호텔에서 보냈습니다.
   ⇨ 今年春节他们_____而是在饭店过的。

8. 이 이야기는 엄마도 제게 이야기해 준 적이 있고, 선생님도 제게 이야기해 준 적이 있습니다.
   ⇨ 这个故事，_____，老师也给我讲过。

9. 그는 오늘 오지 않는 게 아니라, 좀 늦게 올 겁니다.
   ⇨ 他今天不是不来，而是会_____。

10. 잠을 한숨 자고 나니, 정신도 점점 더 맑아지고 일하는 데도 기운이 점점 더 납니다.
    ⇨ 睡了一觉以后，_____，工作也越来越起劲了。

 练习

3 보기에 주어진 단어만을 활용하여 밑줄을 채워서 우리말에 맞는 중국어를 완성하세요.

1. 이 패스트푸드점은 깨끗한 데다 종업원의 서비스도 좋아서 저는 자주 옵니다.
   [干净 / 快餐店 / 这 / 既 / 家]

   ⇨ _____, 服务员的态度又好，所以我常来。

2. 그가 손을 흔들면서 나를 향해 달려왔습니다. [了 / 我 / 来 / 向 / 一边 / 跑]

   ⇨ 他一边挥着手, _____。

3. 이런 병에 걸리면 술은 물론 못 마시는 데다, 담배도 피워서는 안 되기 때문에 정말 힘듭니다.
   [酒 / 能 / 喝 / 不 / 既]

   ⇨ 得了这种病_____, 又不能抽烟，真不好受。

4. 그들은 전시품을 감상하면서 토론합니다. [展览品 / 一边 / 欣赏 / 他们]

   ⇨ _____, 一边讨论。

5. 나는 점심 때 도시락을 가져올 때도 있고, 바깥에 가서 먹을 때도 있습니다.
   [有时 / 吃 / 去 / 外面]

   ⇨ 我中午有时带盒饭, _____。

6. 할아버지는 매일 공원에서 산책하시면서 쓰레기를 주우십니다.
   [一边 / 散步 / 爷爷 / 公园 / 都 / 在 / 每天]

   ⇨ _____, 一边捡垃圾。

7. 그녀는 사람을 대할 때, 때로는 냉담하고, 때로는 친절합니다. 정말 그녀의 성격은 갈피를 잡을 수가 없어요. [冷淡 / 有时 / 她 / 人 / 对]

   ⇨ _____, 有时热情，真让人摸不透她的脾气。

8. 방과 후에 나는 도서관에 갈 때도 있고, 친구들과 카페에 가서 잡담을 나눌 때도 있습니다.
   [和 / 咖啡厅 / 聊天 / 朋友们 / 去 / 有时]

   ⇨ 放学后，我有时去图书馆, _____。

4 다음 우리말을 중국어로 바꾸세요.

A. [(也) + P + 也 + Q] 연습

1. 나는 비 오는 걸 좋아하지 않습니다. 왜냐하면 비가 오면 불편하기도 하고, 감기에 걸리기도 쉽기 때문입니다.

    ⇨ _____。

2. 나는 서울이 아름답기도 하고 재미있기도 하다고 느낍니다.

    ⇨ _____。

3. 이 식당의 요리는 맛있지만, 비싸기도 합니다.

    ⇨ _____。

4. 그 카페의 커피는 비싸지만, 맛있기도 합니다.

    ⇨ _____。

5. 그는 화가 났지만, 슬프기도 했습니다.

    ⇨ _____。

6. 이 책은 나도 본 적이 있고, 내 여동생도 본 적이 있습니다.

    ⇨ _____。

7. 그도 이 학교의 학생이고, 나도 이 학교의 학생입니다.

    ⇨ _____。

8. 내 남자친구도 스케이트를 탈 줄 모르고, 나 역시도 스케이트를 탈 줄 모릅니다.

    ⇨ _____。

9. 나도 먹고 싶어하고 오빠도 먹고 싶어합니다.

    ⇨ _____。

 练习

B. [不是 + P + 而是 + Q] 연습

10. 내가 아니라 왕 선생님이 아침밥을 먹지 않았습니다.

⇨ _____ 。

11. 당신은 말을 너무 느리게 하는 것이 아니라 너무 빨리 합니다.

⇨ _____ 。

12. 이것은 물이 아니라 술입니다.

⇨ _____ 。

13. 그는 의사가 아니라 환자입니다.

⇨ _____ 。

14. 그가 일본에 가는 것은 친구를 만나기 위해서가 아니라, 일을 찾기 위해서입니다.

⇨ _____ 。

15. 이번 시합에 참가하는 사람은 제가 아니라 당신입니다.

⇨ _____ 。

16. 내가 뚱뚱해진 게 아니라, 이 스웨터가 작아진 것입니다.

⇨ _____ 。

17. 내가 이렇게 하는 것은 나 자신을 위해서가 아니라 온 집안을 위해서입니다.

⇨ _____ 。

18. 우리가 당신을 돕지 않는 것이 아니라, 당신을 도울 수가 없습니다.

⇨ _____ 。

19. 이번 시험에서 그녀의 성적은 좋지 않은 것이 아니라, (오히려) 정말 좋습니다.

⇨ _____ 。

20. 그가 산 것은 이 책이 아니라 저 책입니다.

⇨ _____ 。

C. [一边 + P + 一边 + Q] 연습

21. 그녀는 일하면서 공부합니다.

⇨ _____ 。

22. 나는 빨래를 하면서 라디오를 듣습니다.

⇨ _____ 。

23. 엄마는 밥을 하고, 나는 엄마에게 좀 전의 일을 이야기하고 있습니다.

⇨ _____ 。

24. 선생님은 수업을 하고, 학생들은 필기를 하고 있습니다.

⇨ _____ 。

25. 형은 컴퓨터를 하고 있고, 남동생은 옆에서 울면서 엄마에게 "형이 컴퓨터를 못 하게 해."라고 이야기하고 있습니다.

⇨ _____

_____ 。

练习

26. 운전하면서 휴대전화를 (사용)하면 교통사고가 나기 쉽습니다.

⇨ _____。

27. 그들 두 사람은 자주 술을 마시면서 일 이야기를 나눕니다.

⇨ _____。

D. [有时 + P + 有时 + Q] 연습

28. 나는 주말에 남자친구와 영화를 보러 갈 때도 있고, 혼자 집에서 쉴 때도 있습니다.

⇨ _____。

29. 그는 편한 복장으로 출근할 때도 있고, 양복을 입고 출근할 때도 있습니다.

⇨ _____。

30. 내 남자친구는 회사에 들어간 뒤로 자주 출장을 가는데, 중국에 갈 때도 있고 일본에 갈 때도 있습니다.

⇨ _____
_____。

중국 문학작품을 읽어보자!

◉ 进入文学院上课时，<u>不是</u>因为思想程度差，<u>而是</u>那些西班牙文实在艰难，使得刚开始的前三个月心情惊惶甚而沮丧。

> 문과대학에 입학해 수업을 들었을 때, (내) 수준이 부족해서가 아니라 그 놈의 스페인어가 너무 어려웠기 때문에, 처음 3개월 동안 나는 마음 속으로 당황했고, 심지어 낙담하기까지 했다.

三毛,〈最快乐的教室〉《我的快乐天堂》

◉ 他们<u>一边</u>押着李光头游街，<u>一边</u>又羡慕起他来了。

> 그들은 한편으로는 리광터우(주인공)를 묶어서 거리를 끌고 다녔지만 한편으로는 그가 부러워지기 시작했다.

余华,《兄弟》

◉ 他是军人，是一个优秀的士兵，是全师的典型模范，他不能就这样从他的第二故乡悄然消失，<u>既</u>没有军营的<u>一丝</u>消息，<u>又</u>没有连队同意他休假或不同意休假的<u>丝毫</u>讯息。

> 그는 군인이다. 그것도 우수한 병사에다 전 사단의 전형적인 모범 병사이다. 그런 그가 이렇게 그의 두 번째 고향(군대)으로부터 연기처럼 사라질 수는 없었다. 부대로부터 아무런 소식도 없는 데다 그의 휴가에 연대가 동의를 했는지 안 했는지에 대한 어떠한 정보도 없이 말이다.

阎连科,《为人民服务》

◉ 这个多层的汉堡包掉在地上，掉在城市的灰尘里，<u>又</u>难看<u>又</u>牙碜，让人怎么吃它呢！

> 여러 겹짜리 이 햄버거가 땅에, 그것도 도시의 먼지 구덩이에 떨어져서 엉망으로 찌그러진 데다 모래까지 뒤섞여 버렸으니, 사람에게 어떻게 먹으라고 할 수 있겠는가!

刘恒,《贫嘴张大民的幸福生活》

03 병렬복문 49

선택복문

학습목표

1. 或者 + P + 或者 + Q: 'P' 혹은(또는) 'Q'
2. 不是 + P + 就是 + Q: 'P'가 아니면 'Q'이다. 'P'이든 'Q'이든 둘 중 하나다
3. 也许 + P + 也许 + Q: (아마) 'P'일지도 모르고, 혹은 'Q'일지도 모른다
4. 与其 + P + 不如 + Q: 'P'하기보다는 차라리 'Q'하는 것이 낫다
5. 宁可 + P + 也(不)/决(不) + Q: 차라리 'P'하는 한이 있더라도 'Q'는 (결코) 하지 않는다

生词

- 游泳 yóu//yǒng 명동 수영(하다)
- 登山 dēng//shān 명동 등산(하다)
- 决定 juédìng 동 결정하다
- 留学 liúxué 명동 유학(하다)
- 放学 fàng//xué 동 하교하다, 수업이 끝나다
- 足球比赛 zúqiú bǐsài 명 축구시합
- 铅笔 qiānbǐ 명 연필
- 借 jiè 동 빌리다, 빌려주다
- 生病 shēng//bìng 동 병이 나다
- 种树 zhòng//shù 동 나무를 심다
- 利息 lìxī 명 이자
- 存钱 cún//qián 동 저축하다
- 挣钱 zhèng//qián 동 돈을 벌다
- 补习班 bǔxíbān 명 학원
- 选择 xuǎnzé 명동 선택(하다)
- 腥味 xīngwèi 명 비린내
- 姜 jiāng 명 생강
- 醋 cù 명 식초
- 高尔夫球 gāo'ěrfūqiú 명 골프
- 确定 quèdìng 동 확정하다
- 皮鞋 píxié 명 가죽신, 구두
- 运动鞋 yùndòngxié 명 운동화
- 受苦 shòu//kǔ 동 고생하다
- 支持 zhīchí 동 지지하다, 응원하다
- 打太极拳 dǎ tàijíquán 태극권을 하다
- 高峰时间 gāofēng shíjiān 명 러시아워
- 挤 jǐ 동 붐비다, 복잡하다
- 糟 zāo 형 엉망이다, 나쁘다
- 逛街 guàng//jiē 동 거리를 돌아다니다
- 发短信 fā duǎnxìn (휴대전화로) 문자를 보내다
- 兜风 dōu//fēng 동 바람을 쐬다, 드라이브하다
- 堵车 dǔ//chē 동 차가 막히다
- 迟到 chídào 형 늦다, 지각하다

语法

선택복문의 정의와 패턴

정의: 두 개(혹은 그 이상)의 절이나 구를 나열하여 몇 가지 사항을 개별적으로 언급하고, 그 중 임의의 한 가지 사항을 선택하도록 요구하는 복문을 '선택복문'이라고 한다. 일반적으로 의문문을 만드는 'P + 还是 + Q?' 구문도 선택복문의 대표적인 문형 중 하나로 간주하지만, 이 과에서는 'P + 还是 + Q?'* 구문을 제외한 다른 형태의 관련어(구)를 활용하여 선택복문을 연습한다.

* 'P + 还是 + Q' 형태의 선택의문문은 《스마트 중국어 작문》 제1권에서 다루었기 때문에 생략한다.

1 或者 huòzhě + P + 或者 huòzhě + Q　'P' 혹은(또는) 'Q'

'P'와 'Q' 중에서 한 가지를 선택하도록 요구하는 선택복문이다. 'P'와 'Q'에는 간단한 명사(구)는 물론이고 동사(구), 주술구 등이 올 수 있다.
'或者'는 각 나열 항목의 선두에 두는 것이 일반적이지만, 주어가 동일한 경우에는 주어를 '或者'의 앞에 쓸 수도 있다. 또한 간단한 명사(구)를 선택사항으로 제시할 때는 일반적으로 '或者'를 명사(구)와 명사(구) 사이에 한 번만 사용한다. 이 구문을 활용하여 작문할 때, 마지막에 정리하는 느낌의 문장을 제시해주면 전체 내용을 자연스럽게 마무리할 수 있다.
일반적으로 '还是'는 '의문문'에서, '或者'는 '평서문'에서 상대방에게 선택사항을 제시하는 역할을 담당한다. 필요하다면, '或者'를 세 개 이상 나열하여 제시하고자 하는 선택사항을 늘릴 수도 있다.

1 명사(구) + 或者 + 명사(구)

七月或者八月去中国，我们还没决定。
这个问题，问王老师或者金老师都可以。

2 或者 + 동사(구) + 或者 + 동사(구)

我明天或者在家看电视，或者去图书馆学习。
下个星期天或者去游泳，或者去登山，你决定吧。

3 或者 + 주술구 + 或者 + 주술구

或者我去你家，或者你来我家，怎么都行。
这件事或者你做，或者他做，或者你们两个一起做，决定以后告诉我。

❷ 不是 bùshì + P + 就是 jiùshì + Q
'P'가 아니면 'Q'이다, 'P'이든 'Q'이든 둘 중 하나다

'P'와 'Q'라는 두 가지 가능성 중에서 반드시 하나를 선택해야 하는 유형의 선택복문이다. '양자택일' 이외의 다른 선택 가능성은 없다는 점에서 여러 가지 선택 가능성을 내포하고 있는 '或者' 구문과는 근본적으로 다르다. 'P'와 'Q'에는 명사(구), 동사(구), 주술구 등이 온다. '除了 chúle + P + 就是 jiùshì + Q'라고 표현하더라도 동일한 의미를 나타낼 수 있다.

1 不是 + 명사(구) + 就是 + 명사(구)

我打算去美国留学，不是秋天就是冬天。
我的衣服不是白色就是黑色，没有别的颜色。

2 不是 + 동사(구) + 就是 + 동사(구)

每天放学，我女儿不是看电视，就是睡觉。
我哥哥每天不是看足球比赛就是看棒球比赛，他真喜欢看球赛。

3 不是 + 주술구 + 就是 + 주술구

这几天不是下雨，就是下雪，天气真不好。
那支铅笔不是小王借走的，就是小金借走的，我记不清楚。

4 除了 chúle + P + 就是 jiùshì + Q: 'P'하지 않으면 'Q'한다

这几天除了下雨，就是下雪，天气真不好。

语法

❸ 也许 yěxǔ + P + 也许 yěxǔ + Q　　(아마) 'P'일지도 모르고, 혹은 'Q'일지도 모른다

일단 보기로서 'P'와 'Q'라는 두 가지 선택사항을 제시한다. 그러나 반드시 둘 중 하나를 선택해야 하는 의무는 없으며, 어느 쪽도 선택하지 않고 아예 제3의 선택을 할 가능성조차 부정하지 않는다는 뉘앙스를 포함하는 선택복문이다.
'P'와 'Q'에는 명사(구), 동사(구), 주술구 등이 온다.

> 也许明天也许后天，我们还没决定出发日期。
> 明天我去你家，也许是坐汽车去，也许是坐地铁去。
> 王先生今天没来，也许是他生病了，也许是他家里有事。

❹ 与其 yǔqí + P + 不如 bùrú + Q　　'P'하기보다는 차라리 'Q'하는 것이 낫다

'P'와 'Q'라는 두 가지 선택사항 중에서 만약 선택을 해야 한다면, 'P'는 버리고 'Q'를 선택하는 편이 더 낫다라는 뜻을 나타내는 선택복문이다.
'P'와 'Q'에는 동사(구), 주술구 등이 올 수 있으며, 'P'와 'Q'의 주어가 동일하다면, 주어는 '与其'의 앞에 위치하게 된다. 'Q'라는 선택사항의 정당성을 강조하기 위하여 '不如'의 앞에 부사 '还'를 사용하기도 한다.

1　与其 + 동사(구) + 不如 + 동사(구)

> 这块地与其种花不如种树。
> 这次旅行与其开车去不如坐火车去。

2　与其 + 주술구 + 不如 + 주술구

> 搬家很辛苦，与其请一个朋友帮忙，还不如请三四个朋友帮忙。
> 两个银行的利息一样，与其在离我家远的银行存钱，不如在离我家近的银行存钱。

❺ 宁可 nìngkě + P + 也(不) yě(bù)/决(不) jué(bù) + Q

차라리 'P'하는 한이 있더라도 'Q'는 (결코) 하지 않는다

'P'와 'Q'의 내용을 서로 비교하여 이해, 손익, 유불리를 따져본 다음, 만족스럽지 않더라도 최종적으로 'P'를 선택한다는 뜻을 표현하는 선택복문이다. 선택사항 중 'P'는 일반적으로 실제로는 발생하지 않을지도 모르는 어떤 '가정'이며, 선택을 해야 하는 사람의 입장에서 보더라도 솔직히 환영할 수만은 없는 내용인 경우도 종종 있다.

'P'와 'Q'에는 대부분 동사(구), 주술구 등이 오며, 앞뒤 절의 주어가 동일하다면 주어는 '宁可'의 앞에 두어야 한다. 'Q'에 제시된 선택사항만큼은 절대로 선택하지 않는다는 강조의 의미에서 '也不'를 '决不'로 바꾸어 쓸 수도 있다.

'与其 + P + 不如 + Q'는 'Q'를 선택하고 'P'를 버리지만, '宁可 + P + 也不 + Q'는 'P'를 선택하고 'Q'를 버린다는 점에서 서로 정반대의 취사선택을 한다는 차이가 있다.

1 宁可 + P + 也不 + Q

我宁可少挣点儿钱，也不想干那个事儿。
对我来说，宁可喝咖啡，也不喝红茶。
她宁可饿着肚子，也不愿意做饭。

2 宁可 + P + 决不 + Q

她宁可用手写，决不喜欢用电脑。
我宁可再考一次，决不打算去别的大学。

❻ 선택복문 정리

	관련어(전)	P	관련어(후)	Q	비고
❶	(或者)	선택후보	或者	선택후보	평서문의 형태로만 사용
❷	不是	선택후보	就是	선택후보	반드시 'P'와 'Q' 중에서 선택(양자택일)
❸	也许	선택후보	也许	선택후보	'P'와 'Q' 이외의 선택 가능성도 존재
❹	与其	비선택	不如	선택	'P'는 버리고 'Q'를 선택
❺	宁可	선택	也(不)/决(不)	비선택	'P'를 선택하고 'Q'를 버림

练习

1. 보기에서 적당한 관련어를 선택하여 우리말에 맞는 중국어를 완성하세요.

보기 或者……或者……, 不是……就是……, 也许……也许……,
与其……不如……, 宁可……也……

1. 자신이 좀 손해를 볼지언정, 다른 사람에게 폐를 끼치는 일을 해서는 안 된다.
   ⇨ _____自己吃点儿亏，_____不要做出损害别人利益的事情。

2. 그가 너무 빨리 걸어서, 내가 그를 쫓아가는 것은 걷고 있다고 말하기보다는 뛰고 있다고 말하는 게 더 어울립니다.
   ⇨ 他走得太快，我跟着他，_____说是走，还_____说是跑。

3. 이번 여름방학에 엄마는 나에게 영어학원에 다니든가, 아니면 중국어학원에 다니든가 양자택일을 하라고 합니다.
   ⇨ 这个暑假妈妈叫我_____上英语补习班，_____上汉语补习班，两者选择一样。

4. 여름에 남방으로 여행을 갈 바에야, 동북으로 가는 편이 낫습니다.
   ⇨ 你夏天_____去南方旅游，_____去东北。

5. 샤오왕의 생일은 1월 말이 아니면 2월 초입니다.
   ⇨ 小王的生日_____一月底，_____二月初。

6. 비린내를 없애는 데는 생강을 써도 되고 식초를 써도 되는데, 모두 같은 효과를 낼 수 있습니다.
   ⇨ 去腥味，_____用姜，_____用醋，都可以达到同样的效果。

7. 커닝하려고 온갖 방법을 생각할 바에야 차라리 시험을 열심히 준비하는 편이 더 낫습니다.
   ⇨ _____想尽办法去作弊，还_____好好准备考试。

8. 남동생은 그저께 꽃병을 깨뜨렸습니다. 겁이 나서였는지 잊어버려서였는지는 모르지만, 아직까지도 엄마에게 말하지 않았습니다.
   ⇨ 弟弟前天打碎了花瓶，_____是害怕，_____是忘了，到现在还没跟妈妈说。

9. 어려움이 굉장히 많다고 말하기보다는 자신의 노력이 부족했다고 말하는 편이 더 낫습니다.
   ⇨ _____说是困难太大，_____说是自己努力不够。

10. 매주 일요일이 되면, 아빠는 낚시하러 가거나 골프를 치러 가십니다.
    ⇨ 到了每个星期日，爸爸_____去钓鱼，_____去打高尔夫球。

2 우리말을 참고하여 밑줄을 적절한 중국어로 채우세요.

1. 나는 돈을 좀 많이 쓰더라도 좀 더 좋은 것으로 사려고 합니다.
   ⇨ 我宁可多花一些钱，_____。

2. 매일 다른 사람이 그에게 식사 대접을 하지 않으면 그가 다른 사람에게 식사 대접을 합니다.
   ⇨ 每天不是别人请他吃饭，_____。

3. 내가 내일 출발하게 될지 아니면 모레가 될지, 미안하지만 아직 확실하지 않습니다.
   ⇨ _____，也许后天，对不起还没确定。

4. 이런 화려하고 실속은 없는 구두를 살 바에야, 질 좋고 저렴한 운동화를 사는 편이 낫습니다.
   ⇨ 你与其买这种华而不实的皮鞋，_____。

5. 부모님은 차라리 자신들이 힘들면 힘들었지, 절대로 자식이 고생하기를 바라지 않습니다.
   ⇨ 父母_____，也不愿让孩子受苦。

6. 그를 지지하는지 나를 지지하는지, 당신은 반드시 분명하게 말해야 합니다.
   ⇨ 或者支持他，或者支持我，_____。

7. 나는 오늘 저녁에 잠을 안 자면 안 잤지, 내일 숙제를 제출하지 못하게 되는 걸 원하지 않습니다.
   ⇨ _____，也不愿明天交不了作业。

8. 샤오왕이었는지, 샤오쨩이었는지 모르겠지만, 예전에 나에게서 그 책을 빌려간 적이 있습니다.
   ⇨ 也许是小王，也许是小张，_____。

# 练习

9. 매일 아침마다 할머니는 조깅을 하거나 태극권을 하러 가십니다.

⇨ 每天早上，奶奶或者去跑步，_____。

10. 나는 매일 한 시간 일찍 집을 나서면 나섰지, 출퇴근 러시아워의 만원 지하철에 시달리고 싶지는 않습니다.

⇨ 我每天都_____，也不愿意在上下班的高峰时间去挤地铁。

3. 보기에 주어진 단어만을 활용하여 밑줄을 채워서 우리말에 맞는 중국어를 완성하세요.
(★ 같은 단어를 두 번 사용해야 하는 경우도 있음)

1. 버스를 이용하든 지하철을 이용하든 아니면 자전거를 이용하든 간에 모두 학교까지 가기에 편리합니다. [自行车 / 或者 / 公共汽车 / 骑 / 坐]

⇨ _____，或者坐地铁，_____，都很方便到达学校。

2. 배를 타고 갈지 아니면 비행기를 타고 갈지 당신 스스로 선택하세요.
[自己 / 选择 / 坐 / 去 / 吧 / 飞机 / 船 / 你 / 或者]

⇨ _____。

3. 요 며칠은 바람이 불지 않으면 비가 오곤 해서 날씨가 아주 엉망입니다.
[不是 / 天 / 风 / 这 / 刮 / 几]

⇨ _____，就是下雨，天气很糟。

4. 그 말은 당신이 한 것이 아니라면 그 사람이 했을 겁니다.
[句 / 说的 / 就是 / 话 / 不是 / 那 / 你 / 他]

⇨ _____。

5. 지하철을 타고 갈지 버스를 타고 갈지는 모르겠지만 내가 내일 당신이 있는 곳으로 가겠습니다.
[就 / 去 / 我 / 那儿 / 明天 / 你]

⇨ _____，也许是坐地铁去，也许是坐公共汽车去。

6. 긴장한 탓일 수도 있고, 준비를 하지 않은 탓일 수도 있지만, 샤오왕은 이번 시험을 잘 보지 못했습니다. [考试 / 紧张 / 是 / 考好 / 也许 / 这 / 因为 / 准备 / 小王 / 次 / 没]

⇨ _____。

7. 그 길은 너에게는 익숙하지 않아서 네가 가는 것보다 내가 가는 편이 낫다.
[去 / 与其 / 不如 / 我 / 你]

⇨ 那条路你不熟, _____。

8. 날씨가 이렇게 더운데, 거리를 돌아다닐 바에야 집에서 텔레비전을 보는 편이 낫습니다.
[逛街 / 在 / 看 / 与其 / 不如 / 电视 / 去 / 家]

⇨ 天气这么热, _____。

9. 그는 나에게 미스 리와 결혼할 바에야 미스 왕과 결혼하는 편이 낫다고 말한 적이 있습니다.
[王小姐 / 他 / 与其 / 不如 / 李小姐 / 结婚 / 和]

⇨ 他对我说过, _____。

10. 저는 안 사면 안 샀지, 그의 돈을 쓰고 싶지는 않습니다.
[钱 / 宁可 / 我 / 也 / 花 / 的 / 不 / 他 / 想 / 买]

⇨ _____。

4 다음 우리말을 중국어로 바꾸세요.

A. [或者 + P + 或者 + Q] 연습

1. 전화를 하든 문자를 하든 될 수 있는 한 빨리 우리에게 알려주세요.

⇨ _____。

2. 그에게 편지를 쓰거나 전화를 걸어서 그에게 우리들의 감사하는 마음을 표시해야만 합니다.

⇨ _____。

3. 엄마든 아빠든 누가 가서 참석해도 다 상관 없습니다.

   ⇨ _____。

4. 당신이 가든 그가 가든 모두 상관없습니다.

   ⇨ _____。

5. 이번 주 일요일에 스케이트를 타러 갈지 아니면 스키를 타러 갈지 당신이 결정해요.

   ⇨ _____。

6. 중식으로 먹을지 양식으로 먹을지 당신이 결정해요.

   ⇨ _____。

7. 다음 주 일요일이나 아니면 다다음주 일요일에 우리 차 몰고 바람 좀 쐬러 갑시다.

   ⇨ _____。

B. [不是 + P + 就是 + Q] 연습

8. 계란을 훔쳐 먹은 사람은 남동생 아니면 여동생입니다.

   ⇨ _____。

9. 집에 딱 너희 둘뿐이었어. 훔쳐 먹은 사람은 너 아니면 그 사람이야.

   ⇨ _____。

10. 내가 바쁘지 않으면 그가 바빠서 우리는 계속 서로 만날 시간이 없었습니다.

    ⇨ _____。

11. 매일 학교를 마치고, 남동생은 텔레비전을 보지 않으면 컴퓨터 게임을 합니다.

    ⇨ _____。

12. 저 사람은 미국인이 아니면 영국인입니다.

⇨ _____ 。

13. 오늘 아니면 내일 제가 당신에게 전화 드리도록 하겠습니다.

⇨ _____ 。

14. 엄마는 몸이 별로 좋지 않습니다. 여기가 아프지 않으면 저기가 아픕니다.

⇨ _____ 。

15. 주말에 그는 집에 있지 않으면 도서관에 있습니다.

⇨ _____ 。

16. 당신이 말한 그 상점은 여기 있지 않으면 저기 있을 겁니다.

⇨ _____ 。

17. 이 책은 그녀의 것이 아니면 선생님의 것입니다.

⇨ _____ 。

C. [也许 + P + 也许 + Q] 연습

18. 오늘 비가 올지도 모르고 오지 않을지도 모릅니다.

⇨ _____ 。

19. 샤오리는 오늘 수업하러 오지 않았는데, 아마 병이 났을 수도 있고 집안에 일이 있을지도 모릅니다.

⇨ _____ 。

练习

D. [与其 + P + 不如 + Q] 연습

20. 길이 이렇게 먼데, 걸어서 가느니 차를 타고 가는 편이 낫습니다.

⇨ _____ 。

21. 네 동작이 이렇게 느리니, 너보고 가라고 하느니 차라리 내가 직접 가는 게 낫습니다.

⇨ _____ 。

22. 아이에게 생일을 해줄 때, 선물을 사 줄 바에야 돈을 좀 주는 편이 더 낫습니다.

⇨ _____ 。

23. 이 시간에 길은 틀림없이 막힙니다. 차를 운전하고 가느니 차라리 지하철을 타고 가는 편이 더 낫습니다.

⇨ _____ 。

E. [宁可 + P + 也(不)/决(不) + Q] 연습

24. 제가 아이를 좋아하지 않기 때문에, 저는 빨래하고 밥을 할지언정 아이를 돌보기는 싫습니다.

⇨ _____ 。

25. 그는 집에서 잠을 잤으면 잤지, 그런 재미없는 영화를 보러 가고 싶어하지는 않습니다.

⇨ _____ 。

26. 다른 사람과 약속을 할 때 그는 언제나 일찍 가면 갔지, 지각하는 건 싫어합니다.

⇨ _____ 。

중국 문학작품을 읽어보자!

◉ 那几天她<u>不是</u>躺在床上，<u>就是</u>坐在桌前，忧心忡忡的看着李光头，不时叹息着对李光头说："你以后怎么办？"

그 며칠 동안 그녀는 침대에 누워 있지 않으면 탁자 앞에 앉아 있었다. 그러고는 근심 걱정 가득한 표정으로 아들 리광터우를 바라보면서 틈만 나면 한숨을 내쉬며 말했다. "너 앞으로 어떻게 할 거니?"

余华,《兄弟》

◉ 谁倒霉也<u>不如</u>我倒霉，下辈子我死<u>也不</u>做你的爹了，下辈子你做我的后爹吧。

아무리 재수 없는 사람이 있다고 해도 나만큼 재수 없지는 않을 걸. 다음 생에는 나 절대로 네 아비는 안 할 거야, 다음 생에는 네가 내 새아빠나 해라.

余华,《许三观卖血记》

◉ 照片中的方澄敏站在门口，她期待着方大曾归来的眼神，<u>与其</u>说是一个妹妹的眼神，<u>不如</u>说是一个祖母的眼神了。

사진 속의 팡청민은 문 앞에 서서 팡다정이 돌아오기를 바라는 눈빛이다. 그건 일개 여동생의 눈빛이라기보다는 차라리 어떤 할머니의 눈빛이라고나 할까.

余华,〈消失〉《高潮》

◉ 马勒和吕克特的哀歌<u>与其</u>说是在抒发自己的悲伤，<u>不如</u>说是为了与死去的孩子继续相遇。

말러(Mahler)와 뤼케르트(Rückert)의 애가(哀歌)는 스스로의 슬픔을 토로하고 있다기보다는 저 세상으로 떠난 아이와 계속 만나기 위한 것이라고 할 수 있다.

余华,〈重读柴科夫斯基〉《高潮》

04 선택복문

원인결과관계복문

학습목표

1. 因为 + P + 所以 + Q: (왜냐하면) 'P' 때문에 (그래서) 'Q'하다
2. 由于 + P + 因此/因而 + Q: 'P' 때문에 그로 인하여 'Q'하다
3. 由于 + P[원인], Q[결과]: 'P' 때문에 'Q'하다
4. 既然 + P + 就/也 + Q: 이왕에 'P'하였으니(한 이상) 'Q'하다
5. 주어 + 之所以 + P + 是因为 + Q: 주어가 'P'한 까닭은 'Q' 때문이다

生词

- 感冒 gǎnmào 명동 감기(에 걸리다)
- 画 huà 명동 그림(을 그리다)
- 毛衣 máoyī 명 스웨터
- 宿舍 sùshè 명 기숙사
- 烧光 shāoguāng 동 다 타버리다
- 提高 tígāo 동 향상시키다, 높이다
- 体育课 tǐyùkè 명 체육 수업
- 拥挤 yōngjǐ 형 붐비다, 복잡하다
- 停车 tíng//chē 동 차를 세우다
- 幽默 yōumò 명형 유머(가 있다)
- 买卖 mǎimài 명동 장사(를 하다)
- 重视 zhòngshì 형 중시하다
- 乐于 lèyú 동 ~하는 것이 즐겁다
- 用电量 yòngdiànliàng 명 전력 사용량
- 车祸 chēhuò 명 교통사고
- 道歉 dào//qiàn 동 사과하다
- 分手 fēn//shǒu 동 헤어지다
- 性格 xìnggé 명 성격
- 水灾 shuǐzāi 명 수해
- 上涨 shàngzhǎng 동 (물가 등이) 오르다
- 缘故 yuángù 명 원인, 이유
- 赞成 zànchéng 명동 찬성(하다)

- 偷 tōu 동 훔치다
- 要命 yàomìng 동 (정도가) 심하다, 대단하다
- 重复 chóngfù 동 중복되다, 겹치다
- 难题 nántí 명 난제
- 通知 tōngzhī 동 알리다, 통지하다
- 笑脸 xiàoliǎn 명 웃는 얼굴
- 蛋糕 dàngāo 명 케이크
- 工艺品 gōngyìpǐn 명 공예품
- 价钱 jiàqian 명 가격
- 花钱 huā//qián 동 돈을 쓰다
- 发烧 fā//shāo 동 열이 나다
- 劝说 quànshuō 동 설득하다
- 人缘 rényuán 명 인간관계

语法

원인결과관계복문의 정의와 패턴

정의: 두 개의 구 혹은 절 중의 한 쪽이 '원인'을, 나머지 한 쪽이 그로 인하여 초래되는 '결과'를 설명하는 복문을 '원인결과복문'이라고 한다. 화자가 말하고자 하는 의미의 중점은 대부분 '원인'보다는 '결과'에 있다는 점이 특징이다.

❶ 因为 yīnwèi + P + 所以 suǒyǐ + Q (왜냐하면) 'P' 때문에 (그래서) 'Q'하다

'P'가 '원인'을, 'Q'가 그로 인하여 초래되는 '결과'를 표현하는 원인결과복문이다. 'P'와 'Q'에는 동사(구), 형용사(구), 주술구 등이 온다. 'P'와 'Q'의 주어가 서로 다르다면, '因为'는 일반적으로 문장의 첫머리에 두어야 하지만, 주어가 동일하다면 주어의 앞과 뒤 어디에 두어도 괜찮다. 그러나 '所以'는 항상 'Q'의 첫머리에 온다.

因为弟弟感冒了，所以今天没上学。
因为这是他画的画，所以价格特别贵。
她因为喜欢听音乐，所以常常去听音乐会。
因为她明年要考大学，所以现在努力学习。
因为今天天气特别冷，所以我穿了一件很厚的毛衣。

❷ 由于 yóuyú + P + 因此 yīncǐ/因而 yīn'ér + Q 'P' 때문에 그로 인하여 'Q'하다

'P'가 '원인'을, 'Q'가 그로 인하여 발생하는 '결과'를 표현하는 원인결과복문이라는 점에서 용법은 ❶과 거의 흡사하다. 구조적으로 'P'와 'Q'에는 주로 동사(구) 혹은 주술구 등이 온다.

작문할 때 주의해야 할 '因为' 구문과의 중요한 차이점을 표시하면 다음과 같다.

1 '由于' 구문은 주로 '문어체'에, '因为' 구문은 주로 '구어체'에 쓰인다.

2 '由于'는 항상 주어보다 앞에 위치한다.

3 '因为'는 '因此' 혹은 '因而'과 함께 쓸 수 없다.

4 '因此/因而'은 '원인'이 되는 'P'의 내용 전체를 받아서 'Q'를 이끄는 역할을 하는 접속사이기 때문에 '그로 인하여'라는 뜻을 가지고 있다. 그러나 '所以'는 단순히 'Q'의 결과만을 이끌 뿐이다.

由于我家离学校太远，因此我住在学校宿舍。
由于她身体不太好，因而最近休息了两天。
由于她平时努力学习，因此每次考试得到好成绩。
由于今天天气不好，因此飞机不能起飞了。

* 由于今天天气不好，因此飞机不能起飞了。(○) → 올바른 표현
  因为今天天气不好，因此飞机不能起飞了。(×) → 틀린 표현: '因为'와 '因此'를 함께 사용할 수 없기 때문

③ 由于 yóuyú + P[원인], Q[결과]   'P' 때문에 'Q'하다

'P'에 명사(구)를 사용하여 원인을 표시하고, 그에 따른 결과를 표현하는 원인결과복문이다. 비교적 단순한 이유와 복잡하지 않은 결과가 예상될 때 사용하는 구문이다. 결과를 표시하는 'Q'의 앞에는 일반적으로 접속사를 쓰지 않는다.
'由于 + P' 구문은 주어의 앞과 뒤에 모두 올 수 있으며, 동사 '是'의 뒤에 오는 경우도 있다.

由于一场大火，许多树木都烧光了。
由于王老师的帮助，我的汉语成绩提高很快。
由于她自己的努力，这次考试拿到了第一名。
她的成功是由于家人的支持。

语法

④ 既然 jìrán + P + 就 jiù/也 yě + Q 이왕에 'P'하였으니(한 이상) 'Q'하다

'P'에는 이미 실현되었거나 실현될 것이 거의 확실한 원인 혹은 이유를 언급하고, 'Q'에는 그에 따른 추측을 표현하는 원인결과복문이다. 'Q'에는 앞으로 발생할 일, 실현되었는지 되지 않았는지 불확실한 상황, 화자의 현재 느낌이나 결심, 의문문 등의 내용이 온다. 원인결과복문을 표시하는 다른 문형들과는 달리 '추측'의 뉘앙스를 살짝 포함하고 있다는 특징이 있다.

'P'와 'Q'의 주어가 동일하다면, '既然'의 앞에 주어를 써도 된다.

既然你一定要去，我也不反对。
既然你肚子痛，体育课就别上了。
既然你错了，就应该及时改正。
你既然事先知道会迟到，就应该先通知一下。
既然时间已经晚了，你为什么现在去呢？

⑤ 주어 + 之所以 zhī suǒyǐ + P + 是因为 shì yīnwèi + Q
주어가 'P'한 까닭은 'Q' 때문이다

원래는 복문으로 표현해야 하는 내용을 한 개의 단문으로 축약하여 표현하는 문형이다. 'P'에 결과를, 'Q'에는 원인을 언급한다는 점에서 다른 원인결과복문과는 원인과 결과의 순서가 반대이다. 복문이어야 하는 문장을 단문으로 줄인 형식을 취하지만, 형식상 단문일 뿐 실질적으로는 복문이기 때문에 문장이 비교적 길다는 특징이 있다.
구조적으로는 결과표시문의 주어를 '之所以'의 앞에, 나머지 부분을 '之所以'의 뒤에 둔다고 생각하면 된다.

这条道路之所以那么拥挤，是因为街道两边乱停汽车。
我之所以喜欢这本小说，是因为它是我爸爸写的。
王老师之所以受人欢迎，是因为她很幽默。

❻ 원인결과관계복문 정리

	관련어(전)	P	관련어(후)	Q	기타
❶	因为	원인, 이유	所以	결과	구어체
❷	由于	원인, 이유	因此/因而	결과	문어체
❸	由于	원인, 이유(명사구)	X	결과	P: 명사(구)
❹	既然	이미 실현된 원인(이유)	就/也	불확실한 내용, 추측, 의문	추측의 느낌
❺	주어 + 之所以	결과	是因为	원인, 이유	P=결과, Q=원인

练习

1 보기에서 적당한 관련어를 선택하여 우리말에 맞는 중국어를 완성하세요.

> **보기** 既然……就……,　　之所以……是因为……,
> 　　　 因为……所以……,　　由于……因此……

1. 이 상점이 장사가 잘 되는 것은 물건이 모두 싸기 때문입니다.
   ⇨ 这家商店_____买卖好，_____东西都很便宜。

2. 아빠 엄마가 동의하지 않기 때문에, 그는 혼자서 여행 갈 수 없습니다.
   ⇨ _____爸爸妈妈不同意，_____他不能一个人去旅游。

3. 기왕에 네가 그렇게 이 책을 좋아하니, 내가 이걸 너에게 선물할 게.
   ⇨ _____你那么喜欢这本书，我_____把它送给你吧。

4. 그는 실적이 두드러지기 때문에 그로 인해 상급자의 관심을 받았다.
   ⇨ _____他表现突出，_____得到上级的重视。

5. 네가 기왕 내가 매운 것을 먹기 싫어한다는 것을 알았다면 이 요리를 만들지 말았어야 했어.
   ⇨ 你_____知道我讨厌吃辣的，_____不应该做这道菜。

6. 그가 중국어를 공부하는 까닭은 회사가 그를 중국으로 파견 보내려 하기 때문입니다.
   ⇨ 他_____学习汉语，_____公司要派他去中国。

7. 그가 남을 돕기를 즐겨 하는 까닭에 그로 인해 그는 친구가 굉장히 많습니다.
   ⇨ _____他乐于助人，_____他的朋友特别多。

8. 최근 계속 정전이 되는 것은 여름철 전력 사용량이 너무 많기 때문입니다.
   ⇨ 最近_____一直停电，_____夏天用电量太大了。

9. 여기는 자주 비가 내리기 때문에 사람들은 모두 우산을 가지고 외출합니다.
   ⇨ _____这儿经常下雨，_____人们都带着雨伞出去。

10. 앞쪽에서 교통사고가 난 까닭에 그로 인해 차가 꼼짝달싹할 수가 없습니다.
    ⇨ _____前方发生车祸，_____车子就走不动了。

2. 보기에 주어진 단어만을 활용하여 밑줄을 채워서 우리말에 맞는 중국어를 완성하세요.

1. 잘못한 줄 안 이상 그에게 사과해야 합니다. [道歉 / 应该 / 就 / 他 / 向]
   ⇨ 你既然知道错了, _____。

2. 그들이 헤어진 이유는 성격이 맞지 않기 때문입니다. [不 / 因为 / 性格 / 是 / 合]
   ⇨ 他们之所以分手, _____。

3. 최근 채소 값이 오른 이유는 수해를 입었기 때문입니다.
   [上涨 / 价格 / 最近 / 之所以 / 的 / 蔬菜]
   ⇨ _____, 是因为遭到水灾的缘故。

4. 너희들이 기왕에 모두 찬성한 이상 나는 더 이상 반대하지 않겠다.
   [就 / 了 / 反对 / 我 / 再 / 不]
   ⇨ 你们既然都赞成, _____。

5. 그의 지갑을 도둑 맞았기 때문에, 그는 요 며칠 기분이 아주 좋지 않습니다.
   [偷 / 钱包 / 因为 / 他 / 了 / 被 / 的]
   ⇨ _____, 所以他这几天很不开心。

6. 오늘 날씨가 춥기 때문에 엄마는 나에게 스웨터를 한 벌 더 입으라고 합니다.
   [所以 / 穿 / 叫 / 毛衣 / 我 / 多 / 妈妈 / 一件]
   ⇨ 因为今天天气很冷, _____。

7. 여러 날 동안 비가 내리지 않은 까닭에 날씨가 엄청나게 덥습니다.
   [下雨 / 没 / 由于 / 好几天]
   ⇨ _____, 因此天气热得要命。

8. 형이 공부를 잘하는 까닭에 (그 때문에) 엄마는 형을 무척 좋아합니다.
   [喜欢 / 因此 / 非常 / 他 / 妈妈]
   ⇨ 由于哥哥学习好, _____。

9. 당신은 기왕에 중국에 왔으니, 중국 친구를 많이 사귀어야 합니다. [中国 / 来 / 既然 / 你 / 了]
   ⇨ _____, 就应该多交中国朋友。

10. 기왕에 이 일은 모두가 다 안 이상, 내가 또 반복할 필요는 없습니다.
[了 / 用 / 就 / 我 / 不 / 重复]

⇨ 既然这件事大家都知道，_____。

3 우리말을 참고하여 밑줄을 적절한 중국어로 채우세요.

1. 기왕에 모두가 다 왔으니, 우리 출발하도록 합시다.

⇨ 既然大家都来了，_____。

2. 기왕 이렇게 값이 싸니, 좀 더 많이 삽시다.

⇨ _____，就多买一些吧。

3. 그가 성적이 좋은 이유는 평소에 열심히 공부하기 때문입니다.

⇨ 他之所以成绩好，_____。

4. 그가 그녀를 좋아하는 이유는 그녀가 예쁘게 생겼기 때문입니다.

⇨ _____，是因为她长得漂亮。

5. 그가 늦게 온 이유는 길이 막혔기 때문입니다.

⇨ 他之所以来晚，_____。

6. 그가 똑똑한 까닭에 (그 때문에) 많은 난제들도 그를 어떻게 하지 못합니다.

⇨ _____，因此许多难题都难不倒他。

7. 오늘은 주말이라서 어디를 가든 사람들로 가득합니다.

⇨ _____，所以去哪儿，都是人。

8. 그의 집은 학교에서 너무 멀기 때문에 그는 종종 지각합니다.

⇨ 因为他家离学校太远了，_____。

9. 그가 나에게 알리지 않았기 때문에 (그래서) 내가 오지 않은 것입니다.

⇨ _____, 所以我没来。

10. 할아버지는 늘 웃는 얼굴로 사람을 맞이하시기 때문에 (그래서) 모두 할아버지를 좋아합니다.

⇨ 因为爷爷总是笑脸迎人, _____。

4 다음 우리말을 중국어로 바꾸세요.

A. [因为 + P + 所以 + Q] 연습

1. 여동생이 귀엽기 때문에 사람들은 모두 그 애를 좋아합니다.

⇨ _____。

2. 오늘이 아빠의 생일이어서 (그래서) 나는 생일 케이크를 하나 샀습니다.

⇨ _____。

3. 이것은 공예품이라서 값이 비쌉니다.

⇨ _____。

4. 그는 일이 있어서 올 수가 없습니다.

⇨ _____。

5. 그는 병이 나서 오늘 수업하러 오지 않았습니다.

⇨ _____。

6. 그가 잊어버렸기 때문에 너에게 전화를 하지 못했어.

⇨ _____。

 练习

B. [既然 + P + 就/也 + Q] 연습

7. 당신이 돈을 써서 공부하러 온 이상, 열심히 공부를 해야 합니다.

    ⇨ _____ 。

8. 기왕에 배가 아프니 그냥 오늘은 학교 가지 마라.

    ⇨ _____ 。

9. 기왕에 열이 나니 너 출근하러 가지 마라.

    ⇨ _____ 。

10. 당신이 하겠다고 대답한 이상, 반드시 제대로 해내야 합니다.

    ⇨ _____ 。

11. 모두 다 당신이 가는 것에 동의하지 않는 이상 당신은 고집을 부리지 마세요.

    ⇨ _____ 。

C. [주어 + 之所以 + P + 是因为 + Q] 연습

12. 그가 중국에 유학 온 이유는 아빠의 충고를 들었기 때문입니다.

    ⇨ _____ 。

13. 그가 대학 입학 시험을 포기한 이유는 집안에 돈이 없기 때문입니다.

    ⇨ _____ 。

14. 그가 인간관계가 좋은 이유는 그가 유머러스하기 때문입니다.

    ⇨ _____ 。

15. 그가 참가할 수 없는 이유는 집안에 일이 있기 때문입니다.

    ⇨ _____ 。

> 李光头首先发现了，他叫了起来："这是树枝。"
> 宋钢也发现了，他问宋凡平："这古人的筷子为什么像树枝？"
> "古人用的筷子就是树枝，"宋凡平说，"因为古代没有筷子，所以古人就用树枝当筷子。"

리광터우가 먼저 알아차리고 소리쳤다. "이건 나뭇가지잖아."
쑹강도 알아차렸다. 그가 쑹판핑에게 물었다. "이 옛날 사람들의 젓가락은 왜 나뭇가지를 닮았어요?"
"옛날 사람들이 쓰던 젓가락이 바로 나뭇가지란다." 쑹판핑이 말했다. "왜냐하면 옛날에는 젓가락이 없어서 옛 사람들은 나뭇가지를 젓가락으로 썼었거든."

余华,《兄弟》

> 我到美国之后赚了四百美金，因为单身被扣了乱七八糟的税，只剩一百九十八块，所以日子还是很苦。

미국에 도착한 뒤에 나는 400달러를 벌었는데, 독신이라고 해서 말도 안 되는 세금을 공제 당해 수중에 겨우 198달러만 남았기 때문에 생활은 여전히 힘들었다.

三毛,〈钱不钱没关系〉《我的快乐天堂》

> 几个人里面只有黄磊家里有钱，所以是他奔走筹款，租房子，借车子，借行头。只有他会开车，因此由他充当司机。

(우리 일행) 몇 사람 중에서는 황레이네 집만 부자였기 때문에, 그가 돈을 모으고 집과 차 그리고 소도구들을 빌리느라 이리저리 뛰어다녔다. 오직 그만이 운전을 할 수 있었고 그래서 그에게 운전수 역할을 맡겼다.

张爱玲,《色·戒》

중국 문학작품을 읽어보자!

- 由于朝鲜的原因，中国和韩国很晚才建交的事实影响了两国间文学的交流。

  북한이라는 요인 때문에 중국과 한국이 아주 늦게서야 외교관계를 맺었다는 사실은 두 나라 사이의 문학 교류에 영향을 미쳤다.

  余华,〈文学和民族〉《没有一条道路是重复的》

- 公车来了，我并没有挤上去。……既然没有车子，可以立即习惯，我往抽过烟的老地方走了回去。

  버스가 왔지만 나는 비집고 올라타지는 않았다. …… 이왕 차가 끊어진 이상, 금방 익숙해질 수 있으니까. 나는 담배를 피우고 있던 바로 그 곳으로 다시 돌아갔다.

  三毛,〈忠孝西路〉《我的快乐天堂》

- 人们之所以相信权威是因为他们觉得自己是外行，我也不会例外。

  사람들이 권위를 신뢰하는 이유는 그들이 스스로를 아마추어라고 생각하기 때문인데, 나 역시 예외일 수가 없다.

  余华,〈字与音〉《高潮》

06 复习

※ 1〜5과까지 배운 구문을 활용하여 복습해 보세요!

❶ 越 + A + 越 + B

1. 아빠는 여동생이 자라면 자랄수록 예뻐진다고 말씀하십니다.

    ⇨ _____。

2. 중국어는 배우면 배울수록 더 배우고 싶어집니다.

    ⇨ _____。

3. 고추는 작으면 작을수록 더 맵습니다.

    ⇨ _____。

❷ 越来越 + A

1. 요즘 날씨가 점점 더 따뜻해지고 있습니다.

    ⇨ _____。

2. 의사가 준 약을 먹고, 어머니의 건강은 점점 좋아졌습니다.

    ⇨ _____。

3. 그녀는 점점 더 예뻐지고 있습니다.

    ⇨ _____。

❸ 再 + A + 也 + B

1. 바람이 아무리 거세도, 우리는 가야 합니다.

    ⇨ _____。

2. 그의 물건이 아무리 적어도 내 것보다는 많습니다.

   ⇨ _____ 。

3. 기분이 아무리 나쁘더라도 당신은 웃어야 합니다.

   ⇨ _____ 。

4 不 + A + 不 + B

1. 그 청바지는 색이 진하지도 옅지도 않아서 딱 적당합니다.

   ⇨ _____ 。

2. 그녀는 몸이 마르지도 뚱뚱하지도 않습니다.

   ⇨ _____ 。

3. 아빠는 맵지 않으면 안 먹습니다.

   ⇨ _____ 。

4. 우리 언니는 옷이 예쁘지 않으면 안 입습니다.

   ⇨ _____ 。

5. 신발은 신어보지 않으면 맞는지 안 맞는지 모릅니다.

   ⇨ _____ 。

5 不 + A + 也 + B

1. 세수하기 싫어도 해야 합니다.

   ⇨ _____ 。

2. 너는 중국어를 배우기 싫어도 배워야 해.

   ⇨ _____ 。

3. 너는 먹기 싫어도 먹어야 해.

    ⇨ _____ 。

4. 그가 오지 않으면 저도 방법이 없습니다.

    ⇨ _____ 。

5. 그가 저를 기다리지 않으면 저도 그를 기다리지 않을 겁니다.

    ⇨ _____ 。

6 非 + A + 不可

1. 저는 반드시 중국에 가지 않으면 안 됩니다.

    ⇨ _____ 。

2. 그가 내가 만든 요리를 꼭 먹어야겠다고 말합니다.

    ⇨ _____ 。

3. 저는 반드시 이 샤프를 사지 않으면 안 됩니다.

    ⇨ _____ 。

7 P + 接着 + Q

1. 너는 수학 숙제를 다한 다음에 이어서 방 청소도 해야 한다.

    ⇨ _____ 。

2. 그녀는 옷을 다 차려 입은 다음에 이어서 남자친구에게 전화를 걸었습니다.

    ⇨ _____ 。

3. 너는 오늘 오후에 피아노를 다 친 다음에 이어서 바이올린도 켜야 한다.

    ⇨ _____ 。

8 一 + P + 就 + Q

1. 내가 담배를 피우자마자 그녀가 기침을 합니다.

   ⇨ _____ _____ 。

2. 그녀는 차만 타면 멀미를 합니다.

   ⇨ _____ 。

3. 그녀의 남편은 집에 돌아오자마자 바로 밥을 먹어야 합니다.

   ⇨ _____ 。

4. 그녀들은 백화점에 도착하자마자 바로 화장실로 갔습니다.

   ⇨ _____ 。

5. 그는 입만 열면 배고프다고 합니다.

   ⇨ _____ 。

9 (起初) + P + 后来 + Q

1. 처음에 나는 그 검은 치마가 마음에 들었지만, 나중에 시착하자마자 너무 짧은 것 같아서 사지 않았습니다.

   ⇨ _____ 。

2. 처음에 우리 두 사람은 단지 친구 사이에 불과했지만, 나중에 연인이 되었습니다.

   ⇨ _____ 。

3. 처음에 나는 서울에 살았지만, 나중에 부산으로 이사했습니다.

   ⇨ _____ 。

4. 처음에 그들은 친한 친구였으나, 나중에 원수가 되었습니다.

   ⇨ _____ 。

10 주어 + (先) + P + 再 + Q

1. 저는 매번 먼저 손을 씻고 밥을 먹습니다.

   ⇨ _____ 。

2. 우리가 먼저 다 하고 그들에게 하라고 합시다.

   ⇨ _____ 。

3. 그는 매번 먼저 물을 한 잔 마시고 밥을 먹습니다.

   ⇨ _____ 。

11 首先 + P + 然后 + (再/又) + Q

1. 먼저 상황을 이해하고 그 다음에 결정을 내려야 합니다.

   ⇨ _____ 。

2. 먼저 교장 선생님께 말씀을 부탁 드리고 그 다음에 선생님께서 발언해 주십시오.

   ⇨ _____ 。

3. 먼저 화학검사실로 가서 피검사를 받은 다음에 엑스레이실로 가세요.

   ⇨ _____ 。

12 (也) + P + 也 + Q

1. 찻잎은 차를 우려낼 수도 있고, 베개를 만들 수도 있습니다.

   ⇨ _____ 。

2. 이 식당의 요리는 맛있지만, 비싸기도 합니다.

   ⇨ _____ 。

3. 그 카페의 커피는 비싸지만, 맛있기도 합니다.

   ⇨ _____。

13 不是 + P + 而是 + Q

1. 내가 너를 믿지 않는 것이 아니라, 네가 거짓말을 너무 많이 해서 너를 감히 믿을 엄두가 나지 않아서이다.

   ⇨ _____。

2. 당신은 말을 너무 느리게 하는 것이 아니라 너무 빨리 합니다.

   ⇨ _____。

3. 내가 뚱뚱해진 게 아니라 이 스웨터가 작아진 것입니다.

   ⇨ _____。

14 一边 + P + 一边 + Q

1. 나는 빨래를 하면서 라디오를 듣습니다.

   ⇨ _____。

2. 그녀는 일하면서 공부합니다.

   ⇨ _____。

3. 운전하면서 휴대전화를 하면 교통사고가 나기 쉽습니다.

   ⇨ _____。

15 有时 + P + 有时 + Q

1. 나는 주말에 남자친구와 영화를 보러 갈 때도 있고, 혼자 집에서 쉴 때도 있습니다.

   ⇨ _____。

2. 방과 후에 나는 도서관에 갈 때도 있고, 친구들과 카페에 가서 잡담을 나눌 때도 있습니다.

   ⇨ _____ 。

3. 나는 점심 때 도시락을 가져올 때도 있고, 바깥에 가서 먹을 때도 있습니다.

   ⇨ _____ 。

16 又 + P + 又 + Q

1. 그 식당의 요리는 싸고 맛있습니다.

   ⇨ _____ 。

2. 그녀는 예쁘고 똑똑합니다.

   ⇨ _____ 。

17 既 + P + 又 + Q

1. 변호사라면 당연히 법률에 정통해야 하는 것은 물론이고 정의감도 있어야 합니다.

   ⇨ _____ 。

2. 이런 종류의 식품은 영양도 있는 데다가 칼로리도 높지 않습니다.

   ⇨ _____ 。

18 或者 + P + 或者 + Q

1. 전화를 하든 문자를 하든 될 수 있는 한 빨리 우리에게 알려주세요.

   ⇨ _____ 。

2. 엄마든 아빠든 누가 가서 참석해도 다 상관 없습니다.

   ⇨ _____ 。

3. 배를 타고 갈지 아니면 비행기를 타고 갈지 당신 스스로 선택하세요.

   ⇨ _____ 。

19 不是 + P + 就是 + Q

1. 요 며칠은 바람이 불지 않으면 비가 오곤 해서 날씨가 아주 엉망입니다.

   ⇨ _____ 。

2. 매일 학교를 마치고, 남동생은 텔레비전을 보지 않으면 컴퓨터 게임을 합니다.

   ⇨ _____ 。

3. 이 책은 그녀의 것이 아니면 선생님의 것입니다.

   ⇨ _____ 。

20 也许 + P + 也许 + Q

1. 오늘 비가 올지도 모르고 오지 않을지도 모릅니다.

   ⇨ _____ 。

2. 내가 내일 출발하게 될지 아니면 모레가 될지 미안하지만 아직 확실하지 않습니다.

   ⇨ _____ 。

3. 샤오왕이었는지, 샤오짱이었는지 모르겠지만, 예전에 나에게서 그 책을 빌려간 적이 있습니다.

   ⇨ _____ 。

21 与其 + P + 不如 + Q

1. 커닝하려고 온갖 방법을 생각할 바에야 차라리 시험을 열심히 준비하는 편이 더 낫습니다.

   ⇨ _____ 。

2. 여름에 남방으로 여행을 갈 바에야, 동북으로 가는 편이 낫습니다.

   ⇨ _____ 。

3. 아이에게 생일을 해줄 때, 선물을 사줄 바에야 돈을 좀 주는 편이 더 낫습니다.

   ⇨ _____ 。

㉒ 宁可 + P + 也(不)/决(不) + Q

1. 제가 아이를 좋아하지 않기 때문에, 저는 빨래하고 밥을 할지언정 아이를 돌보기는 싫습니다.

   ⇨ _____ 。

2. 그는 집에서 잠을 잤으면 잤지, 그런 재미없는 영화를 보러 가고 싶어하지는 않습니다.

   ⇨ _____ 。

3. 다른 사람과 약속을 할 때 그는 언제나 일찍 가면 갔지, 지각하기는 싫어합니다.

   ⇨ _____ 。

㉓ 因为 + P + 所以 + Q

1. 아빠 엄마가 동의하지 않기 때문에, 그는 혼자서 여행 갈 수 없습니다.

   ⇨ _____ 。

2. 오늘 날씨가 춥기 때문에 엄마는 나에게 스웨터를 한 벌 더 입으라고 합니다.

   ⇨ _____ 。

3. 여동생이 귀엽기 때문에 사람들은 모두 그 애를 좋아합니다.

   ⇨ _____ 。

复习

24 由于 + P + 因此/因而 + Q

1. 여러 날 동안 비가 내리지 않은 까닭에 날씨가 엄청나게 덥습니다.

   ⇨ _____。

2. 형이 공부를 잘하는 까닭에 (그 때문에) 엄마는 형을 무척 좋아합니다.

   ⇨ _____。

3. 그가 똑똑한 까닭에 (그 때문에) 많은 난제들도 그를 어떻게 하지 못합니다.

   ⇨ _____。

25 由于 + P, Q

1. 한 차례의 큰 화재로 인해 수많은 나무들이 모두 다 타버렸습니다.

   ⇨ _____。

2. 그녀의 성공은 가족의 지지에 의한 겁니다.

   ⇨ _____。

26 既然 + P + 就/也 + Q

1. 당신이 돈을 써서 공부하러 온 이상, 열심히 공부를 해야 합니다.

   ⇨ _____。

2. 당신이 하겠다고 대답한 이상, 반드시 제대로 해내야 합니다.

   ⇨ _____。

3. 모두 다 당신이 가는 것에 동의하지 않는 이상, 당신은 고집을 부리지 마세요.

   ⇨ _____。

27 주어 + 之所以 + P + 是因为 + Q

1. 이 상점이 장사가 잘 되는 것은 물건이 모두 싸기 때문입니다.

   ⇨ _____ 。

2. 그가 중국어를 공부하는 까닭은 회사가 그를 중국으로 파견 보내려 하기 때문입니다.

   ⇨ _____ 。

3. 최근 계속 정전이 되는 것은 여름철 전력 사용량이 너무 많기 때문입니다.

   ⇨ _____ 。

점층관계복문

학습목표

1. 连 + 一 + 양사 + 명사 + 都/也 + 不/没(有) + 동사(형용사):
   심지어 단 한 개의 ~조차도 ~하지 않는다
2. 不但 + P + 而且 + Q: 'P'뿐만 아니라 게다가 'Q'하기도 하다
3. (A) 不仅 + P + 就是 + (주어) + 也 + Q: 'P'뿐만 아니라 'Q'하기도 하다
   (B) 不仅 + P + 而且 + Q: 'P'뿐만 아니라 게다가 'Q'하기도 하다
4. 不但 + P(부정문) + 反而 + Q(긍정문):
   'P'하지 않을 뿐만 아니라 'Q'하기까지 하다
5. 除了 + P + (以外) + 还 + Q: 'P' 이외에 'Q' 또한 있다(하다)

生词

- 打乒乓球 dǎ pīngpāngqiú 탁구를 하다
- 新生 xīnshēng 명 신입생
- 欢迎会 huānyínghuì 명 환영회
- 校长 xiàozhǎng 명 교장
- 开朗 kāilǎng 형 밝다, 활발하다
- 乌龙茶 wūlóngchá 명 우롱차
- 茉莉花茶 mòlihuāchá 명 자스민차
- 桌子 zhuōzi 명 테이블, 책상
- 吵 chǎo 형 시끄럽다
- 减肥 jiǎn//féi 명동 다이어트(하다)
- 骂 mà 동 욕하다
- 知名 zhīmíng 형 유명하다
- 吃惊 chī//jīng 동 (깜짝) 놀라다
- 意外 yìwài 형 예상 밖이다
- 箱子 xiāngzi 명 트렁크
- 抬 tái 동 (손으로 물건을) 들어올리다
- 承认 chéngrèn 동 인정하다, 받아들이다
- 消息 xiāoxi 명 소식
- 兴奋 xīngfèn 형 흥분하다
- 激动 jīdòng 형 감동하다, 흥분하다
- 降低 jiàngdī 동 내리다, 인하하다
- 加糖 jiā táng 설탕을 넣다, 뿌리다
- 节目 jiémù 명 프로그램
- 品格 pǐngé 명 품격, 품성
- 历史 lìshǐ 명 역사
- 名字 míngzi 명 이름
- 听不懂 tīngbudǒng 알아듣지 못하다, 이해하지 못하다
- 刮风 guā//fēng 동 바람이 불다
- 系 xì 명 (대학의) 과
- 少数民族 shǎoshù mínzú 명 소수민족
- 听话 tīng//huà 동 (어른의 말을) 잘 듣다, 착하다
- 浪费 làngfèi 동형 낭비(하다)
- 退烧 tuì//shāo 동 열이 내리다
- 厉害 lìhai 형 심하다, 대단하다

语法

점층관계복문의 정의와 패턴

정의: 두 번째 구 혹은 절의 내용이 첫 번째 구 혹은 절의 내용보다 더욱 심화되거나 발전된 상황을 표시하는 복문을 '점층복문'이라고 한다. 상황의 변화 발전은 좋은 방향으로뿐만 아니라 나쁜 방향으로 악화될 수도 있기 때문에 표현할 수 있는 범위가 상당히 넓다.

❶ 连 lián + 一 yī + 양사 + 명사 + 都 dōu/也 yě + 不/没(有) + 동사(형용사)

심지어 단 한 개의 ~조차도 ~하지 않다

포함되는 사람 혹은 사물 중에서도 오직 하나의 수량만을 '连'과 '都/也'의 사이에 삽입하여 '심지어 단 한 개의 ~조차도 ~하지 않는다'는 가장 최악의 상황을 표현한다. '连'과 '都/也'의 사이에는 수사 '一'를 포함하는 '一 + 양사 + 명사'가 오고, 술어에는 '부정형'만 올 수 있다. 점층적으로 발생하는 사건 중에서도 가장 극단적인 상황만을 표현하여 다른 일반적인 상황은 별도로 언급하지 않아도 충분히 유추하여 알 수 있을 것임을 암시하는 문형이다.

'连'을 포함하는 구문은 대부분 단문으로 끝나지만, 그로 인하여 파생되는 상황이 이어져서 복문의 형태를 갖추게 된다.

> 她刚到韩国的时候，连一句韩国话都(也)不会说。
> 我今天连一分钱都(也)没带，所以什么都买不了。
> 这个星期我连一天都(也)没休息过。
> 这些英文，我连一个字都(也)看不懂。

❷ 不但 búdàn + P + 而且 érqiě + Q   **'P'뿐만 아니라 게다가 'Q'하기도 하다**

'P'에 진술한 내용보다 더욱 심화 발전된 내용을 'Q'에 언급하여 상황이 더욱 호전되거나 혹은 더욱 악화된다는 뜻을 표현하는 점층복문이다. 'P'와 'Q'에는 거의 모든 유형의 구가 올 수 있다.

만약 'P'와 'Q'의 주어가 동일하다면, 주어는 '不但'의 앞에, 주어가 서로 다르다면 '不但'을 문장의 첫머리에 두어야 한다.

她不但聪明，而且美丽。
他不但喜欢踢足球，而且喜欢打乒乓球。
不但我想去外国，而且我女朋友也想去。
不但国内而且国外也有很多人喜欢她唱的歌。
明天的新生欢迎会，不但教授来，而且校长也来。

❸ (A) 不仅 bùjǐn + P + 就是 jiùshì + (주어) + 也 yě + Q
'P'뿐만 아니라 'Q'하기도 하다

(B) 不仅 bùjǐn + P + 而且 érqiě + Q
'P'뿐만 아니라 게다가 'Q'하기도 하다

의미의 측면에서 ❸의 '(A)'와 '(B)'는 기본적으로 ❷와 동일하다. '不仅'은 '不但'과 거의 동일하게 쓰이기 때문에 서로 바꾸어 써도 크게 문제되지는 않는다. 'Q'의 구조가 서로 조금 다르기 때문에 그 차이에 주의하면서 한 편의 글에 같은 표현을 반복하기 싫을 때 혹은 표현의 다양성을 추구하고 싶을 때, 섞어서 사용하는 것이 좋다.
유일한 차이점이라고 한다면 '不仅'은 '不仅仅 bùjǐnjǐn'의 형태로 강조할 수 있지만, '不但'은 그럴 수 없다는 것뿐이다.

这几年她不仅身体好了，就是性格也开朗了。
她不仅不喜欢跳舞，就是唱歌也不喜欢。
我来到首尔以后，不仅南山就是明洞也没去过。
我不仅想去美国，而且还想去日本。

❹ 不但 búdàn + P(부정문) + 反而 fǎn'ér + Q(긍정문)
'P'하지 않을 뿐만 아니라 'Q'하기까지 하다

'P'에는 부정문, 'Q'에는 긍정문을 사용하여 'P'에서 'Q'로 갈수록 상황이 더욱 호전 혹은 악화됨을 표현한다. 'P'에는 이미 알고 있는 사실이나 상황 등이 오지만, '反而'의 다음에 언급하는 내용(Q)은 화자의 입장에서 볼 때 '의외', '기대 밖', '예상 외'의 느낌을 나타낸다는 점에서 '不但 + P + 而且 + Q' 구문과는 차이가 있다.
'P'와 'Q'에는 형용사(구), 동사(구), 주술구 등이 올 수 있으며, 두 절의 주어가 다른 경우가 거의 없기 때문에 주어는 항상 '不但'의 앞에 위치한다고 생각하면 된다.

语法

雨<u>不但</u>没停，<u>反而</u>越下越大了。
她<u>不但</u>没笑，<u>反而</u>哭起来了。
爸爸<u>不但</u>不反对，<u>反而</u>支持我去中国留学。

❺ 除了 chúle + P + (以外 yǐwài) + 还 hái + Q　'P' 이외에 'Q' 또한 있다(하다)

이미 알고 있는 내용을 '除了'와 '以外'의 사이에 삽입하고, 그 이외에 좀 더 첨가하거나 추가하고 싶은 어떤 내용을 'Q'에 집어넣어서 표현한다.

'P'에는 간단한 명사에서부터 주술구까지 다 쓸 수 있고, 'Q'에는 주로 주술구가 온다. '除了 + P + (以外)'는 주어의 앞에 둘 수도 있고 주어의 뒤에 둘 수도 있지만, 부사 '还'는 주어의 뒤 혹은 술어의 앞으로 위치가 한정된다. '以外'는 생략하여도 무방하다.

<u>除了</u>乌龙茶(<u>以外</u>)，我<u>还</u>喜欢喝茉莉花茶。
我星期天<u>除了</u>看电影(<u>以外</u>)，<u>还</u>做运动。
房间里<u>除了</u>电视和电脑(<u>以外</u>)，<u>还</u>有床和桌子。
我家<u>除了</u>有点儿吵(<u>以外</u>)，其他的条件<u>还</u>不错。

❻ 점층관계복문 정리

	관련어(전)	P		관련어(후)	Q
❶		连 + 一 + 양사 + 명사 + 都/也 + 不/没(有) + 동사/형용사			강조 구문(최악의 상황)
❷	不但	내용		而且	'P'보다 발전된 내용(P⟨Q)
❸	不仅	내용		就是 + 也	'P'보다 발전된 내용(P⟨Q)
				而且	
❹	不但	부정문(이미 알려진 사실)		反而	긍정문(의외성, 예상외)
❺	除了	알려진 사실	(以外)	还	'P' + α(추가 내용)

练习

1 보기에서 적당한 관련어를 선택하여 우리말에 맞는 중국어를 완성하세요.

보기 不但……反而……,　不但……而且……,　不仅……就是……,
　　　 不仅……而且……,　连……都……,　　 除了……以外……

1. 일 더하기 일이 이라는 건 심지어 어린 아이조차 압니다.
   ➪ 一加一等于二_____小孩子_____知道。

2. 수영은 몸을 단련할 수 있을 뿐만 아니라 다이어트에도 도움이 됩니다.
   ➪ 游泳_____可以锻炼身体，_____对减肥也有帮助。

3. 베이징에 온 이후로 만리장성은커녕 천안문 광장도 나는 가 본 적이 없습니다.
   ➪ 来北京以后，_____长城，_____天安门广场我也没去过。

4. 그는 감사하다고 말하기는커녕 오히려 샤오왕에게 핀잔을 주었습니다.
   ➪ 他_____没说谢谢，_____骂了小王一句。

5. 아빠는 그녀가 중국어 배우는 것에 반대하지 않을 뿐만 아니라 지지를 합니다.
   ➪ 爸爸_____不反对她学习汉语，_____很支持。

6. 지금만 제외하고 다른 시간은 다 괜찮습니다.
   ➪ _____现在_____，其他时间都可以。

7. 그가 유명 대학에 합격하자, 온 집안 식구가 놀란 건 둘째치고, 그 자신도 의외라고 생각했습니다.
   ➪ 他考上了知名大学，_____全家人都吃惊，_____他自己也感到很意外。

8. 이 곳의 인구는 줄어들기는커녕 오히려 증가했습니다.
   ➪ 这个地方的人口_____没减少，_____增加了。

9. 이 상자는 너무 무거워서, 우리 두 사람이 들려고 해도 들 수조차 없습니다.
   ➪ 这个箱子太重了，我们俩_____抬_____抬不动。

10. 그녀가 예쁘게 생긴 것은 물론이고 그녀의 언니도 아주 예쁘게 생겼습니다.
    ➪ _____她长得很漂亮，_____她姐姐也长得很漂亮。

练习

2 보기에 주어진 단어만을 활용하여 밑줄을 채워서 우리말에 맞는 중국어를 완성하세요.

1. 그는 잘못을 인정하지 않을 뿐만 아니라 오히려 크게 화를 냈습니다.
   [错误 / 承认 / 不但 / 他 / 不]

   ⇨ _____, 反而大发脾气。

2. 이 소식은 나뿐만 아니라 아버지도 흥분하게 만들었습니다.
   [很 / 爸爸 / 激动 / 就是 / 让 / 也]

   ⇨ 这个消息不仅让我兴奋, _____。

3. 이렇게 추운 날씨를 남방 사람이 견디지 못하는 건 둘째치고 북방 사람이라고 해도 견딜 수 없습니다. [受不了 / 人 / 不仅 / 南方]

   ⇨ 这么冷的天气, _____, 就是北方人也受不了。

4. 그 사람만 이 노래를 부를 줄 아는 게 아니라 그의 남동생도 이 노래를 부를 줄 압니다.
   [会 / 歌 / 弟弟 / 而且 / 他 / 首 / 也 / 唱 / 这]

   ⇨ 不但他会唱这首歌, _____。

5. 계란 값은 오르기는커녕 오히려 내렸습니다. [没 / 不但 / 的 / 上涨 / 价格 / 鸡蛋]

   ⇨ _____, 反而降低了。

6. 설탕을 첨가한 후 맛있어지기는커녕 오히려 더욱 맛이 없어졌습니다.
   [难吃 / 反而 / 了 / 更 / 变得]

   ⇨ 加了糖以后, 不但没变好吃, _____。

7. 뉴스 프로를 시청하는 것을 제외하면 그는 거의 텔레비전을 보지 않습니다.
   [节目 / 看 / 以外 / 除了 / 新闻]

   ⇨ _____, 他几乎不看电视。

8. 그녀는 중국 요리 먹는 걸 좋아할 뿐 아니라 중국 요리 만드는 것도 좋아합니다.
   [很 / 中国菜 / 爱 / 而且 / 做 / 也]

   ⇨ 她不但很爱吃中国菜, _____。

9. 내일만 중국어 수업이 있는 것이 아니라 모레도 중국어 수업이 있습니다.
[汉语课 / 明天 / 不但 / 有]

⇨ _____, 而且后天也有汉语课。

10. 가을이 되었는데 날씨가 시원하기는커녕 오히려 갑자기 더워지기 시작했습니다.
[起来 / 反而 / 热 / 突然 / 了]

⇨ 到了秋天，天气不但不凉快, _____。

3 우리말을 참고하여 밑줄을 적절한 중국어로 채우세요.

1. 그의 방은 깨끗할 뿐만 아니라 조용하기도 합니다.
⇨ 他的房间不但很干净, _____。

2. 그의 엄마만 중국에 가 본 적이 없는 게 아니라 그의 아빠도 중국에 가 본 적이 없습니다.
⇨ _____, 而且他爸爸也没去过中国。

3. 너무 많이 먹으면 몸에 안 좋을 뿐만 아니라 오히려 건강에 해롭습니다.
⇨ 吃得太多，不但对身体不好, _____。

4. 너의 그 말은 그에게 도움이 되기는커녕 오히려 그를 화나게 할 것이다.
⇨ 你的那句话不但对他没有帮助, _____。

5. 좋아하는 걸 먹는 건 둘째치고 먹기 싫어하는 것 또한 먹어야 한다.
⇨ 不仅爱吃的东西应该吃, _____。

6. 그들 둘은 공부를 잘할 뿐만 아니라 품성도 좋습니다.
⇨ _____, 就是品格也不错。

7. 저는 수요일 외에 다른 날은 다 바쁩니다.
⇨ _____, 其他天都很忙。

8. 그는 중국의 역사를 좋아할 뿐 아니라 중국의 음식문화에 대해서도 관심이 매우 많습니다.
⇨ 他除了喜欢中国的历史以外, _____。

练习

9. 나는 요즘 바빠서, 밥 먹을 시간조차 없습니다.

⇨ 我最近很忙, _____。

10. 날이 너무 더워서 약간의 바람조차 없습니다.

⇨ 今天太热了, _____。

4 다음 우리말을 중국어로 바꾸세요.

A. [连 + (一 + 양사 +)명사 + 都 + 不/没(有) + 동사(형용사)] 연습

1. 그는 물 한 모금조차 마시지 않았습니다.

⇨ _____。

2. 그는 밥 한 술조차 먹지 않았습니다.

⇨ _____。

3. 그는 이 글자조차 모릅니다.

⇨ _____。

4. 그가 어떻게 이 일조차 모릅니까?

⇨ _____。

5. 그는 이조차 닦지 않은 채로 바로 잠들어버렸습니다.

⇨ _____。

6. 그는 오늘 얼굴조차 씻지 않았습니다.

⇨ _____。

7. 그 아이는 자기 이름조차 쓸 줄 모릅니다.

⇨ _____。

8. 요 며칠 나는 신문을 볼 시간조차 없습니다.

    ⇨ _____ 。

9. 너는 너무 말을 빨리 해서 나조차 알아 들을 수 없다.

    ⇨ _____ 。

10. 이것은 무슨 꽃인가요? 나는 예전에 한 번도 본 적조차 없습니다.

    ⇨ _____ 。

B. [不但 + P + 而且 + Q] 연습

11. 그녀만 중국어를 할 줄 아는 게 아니라 그녀의 언니도 중국어를 할 줄 압니다.

    ⇨ _____ 。

12. 이 펜은 무척 예쁠 뿐만 아니라 잘 써지기까지 한다.

    ⇨ _____ 。

13. 우리 언니는 영어를 할 줄 알 뿐만 아니라 중국어도 할 줄 압니다.

    ⇨ _____ 。

14. 그는 공부만 잘하는 것이 아니라, 인간관계도 좋습니다.

    ⇨ _____ 。

15. 그는 중국 요리를 먹어본 적이 있을 뿐만 아니라 중국에 가 본 적도 있습니다.

    ⇨ _____ 。

16. 그는 커피 마시는 걸 좋아할 뿐 아니라 중국차 마시는 것도 좋아합니다.

    ⇨ _____ 。

17. 일기예보에 따르면 내일 비가 올 뿐만 아니라 바람도 심하게 불 거라고 합니다.

    ⇨ _____ 。

18. 그의 휴대전화는 무척 예쁠 뿐만 아니라 아주 편리하기까지 합니다.

⇨ _____ 。

19. 우리 과에는 미국인뿐만 아니라 영국인도 있습니다.

⇨ _____ 。

20. 아빠만 오신 게 아니라 엄마도 오셨습니다.

⇨ _____ 。

21. 그 사람만 커피 마시는 걸 좋아하지 않는 것이 아니라 그의 아버지도 커피 마시는 걸 좋아하지 않습니다.

⇨ _____ 。

C. [不仅 + P + 就是 + (주어) + 也 + Q] 연습

22. 그는 집에서뿐만 아니라 학교에서도 말을 잘 듣습니다.

⇨ _____ 。

23. 그는 소설은커녕 신문도 보지 않습니다.

⇨ _____ 。

24. 그가 하는 말은 우리만 못 알아 듣는 게 아니라, 그의 아빠 엄마도 알아 듣지 못합니다.

⇨ _____ 。

D. [不但 + P(부정문) + 反而 + Q(긍정문)] 연습

25. 그녀는 웃기는커녕 오히려 울었습니다.

⇨ _____ 。

26. 그는 나에게 감사는커녕 오히려 나에게 낭비한다고 합니다.

⇨ _____。

27. 약을 먹고 나서 열이 떨어지기는커녕 오히려 열이 더욱 심해졌습니다.

⇨ _____。

E. [除了 + P + (以外) + 还 + Q] 연습

28. 그는 형 두 명 이외에 누나도 한 명 있습니다.

⇨ _____。

29. 나는 오늘 중국어 수업 이외에 영어 수업도 있습니다.

⇨ _____。

30. 나는 목요일 이외에 금요일에도 중국어 수업이 있습니다.

⇨ _____。

31. 그를 제외하고 우리들은 모두 농구 시합에 참가해야 합니다.

⇨ _____。

32. 그를 제외하고 누구도 샤오장을 좋아하지 않습니다.

⇨ _____。

33. 노래 부르는 것을 제외하면, 그는 아무 것도 할 줄 모릅니다.

⇨ _____。

34. 중국은 다민족 국가입니다. 한족 이외에도 55개의 소수민족이 있습니다.

⇨ _____。

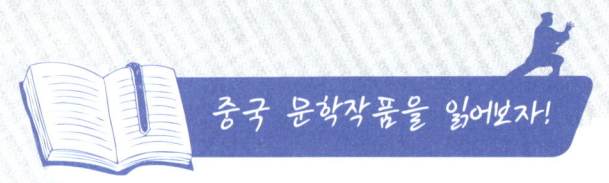

- 她知道何小勇倒霉，只是睁圆了眼睛，半张着嘴，吃惊了一些时候，<u>连笑都没有笑一下</u>。

    그녀는 허샤오융이 재수 옴 붙었다는 것을 알고서 그저 눈을 동그랗게 뜨고 입을 반쯤 벌린 채 잠시 놀랐을 뿐, 웃음기라고는 전혀 띠지 않았다.

    余华,《许三观卖血记》

- 股票上涨的时候，别人都教我去投资，劝我做二十万左右就好。我说不敢，我不要做。我觉得我不做的话还有二十万，如果我做，<u>连二十万都没有了</u>。

    주식이 오를 때, 사람들이 모두 나에게 투자하라고 하면서 20만 위안 정도면 딱 좋을 거라고 권했다. 나는 겁이 나기도 해서 하지 않겠다고 했다. 내가 주식을 하지 않으면 20만 위안이 아직 수중에 있는 셈이지만, 만약 한다면 20만 위안조차도 사라지게 될 거라고 생각했다.

    三毛,〈钱不钱没关系〉《我的快乐天堂》

- 走过公用电话亭，父亲站住脚步，我听见他在电话里告诉妈妈，说妹妹<u>不但入选西画，还得了一个将</u>。

    공중전화박스를 지나치면서 아빠는 발걸음을 멈추었다. 아빠가 전화기로 엄마에게 말하는 소리가 들려왔다. "우리 딸이 서양화에서 입선했을 뿐만 아니라 상도 하나 받았어."
    (* '妹妹'는 작가 '三毛'의 아빠가 '三毛'를 부르는 애칭)

    三毛,〈得奖的心情〉《我的快乐天堂》

중국 문학작품을 읽어보자!

○ 他因为胆怯而产生的畏拒，<u>不仅</u>伤害了她的情感，<u>而且</u>使她开始对他有了无可挽回的鄙视。

두려움에서 나온 그의 거절은 그녀의 감정에 상처를 주었을 뿐만 아니라 그녀가 그에 대해서 절대로 되돌릴 수 없는 경멸의 감정을 가지게 되는 계기가 되었다.

阎连科,《为人民服务》

○ "我的屁股被他看见啦，<u>除了</u>屁股，<u>不知道</u>他还看见了些什么，你抽他呀！"

"그 녀석이 내 엉덩이를 봤다면, 엉덩이 말고도 그 녀석이 또 무엇 무엇을 보았을지 모르는 거잖아. 당신이 그 놈을 혼내줘!"

余华,《兄弟》

○ 因为过去二十年的岁月，我一直住在海外，对于大伯父母在台湾的事情不甚了解，在这儿所记的，<u>除了</u>一两件之外，都是在西班牙时与大伯父母相处的情形。

지난 20년이라는 세월 동안 나는 줄곧 외국에 거주하고 있었기 때문에 큰아버지와 큰어머니가 타이완에서 어떻게 지냈는지에 대해서는 그다지 잘 알지 못한다. 여기에 기록하는 것은 한두 가지 일을 제외하면, 모두 (내가) 스페인에 있을 때 큰아버지, 큰어머니와 함께 보냈던 추억들이다.

三毛,〈他没有交白卷〉《我的快乐天堂》

양보관계복문

학습목표

1. 虽然 + P + 但是/不过 + Q: 비록 'P'하기는 하지만 (그러나) 'Q'하다
2. 哪怕 + P + 也 + Q: 설령 'P'할지라도 그래도 'Q'하다
3. 即使 + P + 也 + Q: 설령 'P'할지라도 그래도 'Q'하다
4. 尽管 + P + 还是 + Q: 'P'임에도 불구하고 (그래도) 'Q'이다(하다)
5. P + 只是 + Q: 'P'하기는 하지만 그저 (다만) 'Q'할 뿐이다

生词

- 节省 jiéshěng 동 절약하다
- 伤心 shāng//xīn 동 상심하다, 슬퍼하다
- 亲兄弟 qīnxiōngdì 명 친형제
- 失败 shībài 명동 실패(하다)
- 灰心 huī//xīn 동 실망하다, 낙담하다
- 原谅 yuánliàng 동 용서하다, 용인하다
- 困难 kùnnan 명형 곤란(하다)
- 克服 kèfú 동 극복하다
- 假期 jiàqī 명 휴가
- 故乡 gùxiāng 명 고향
- 考虑 kǎolǜ 동 고려하다
- 坏 huài 형 나쁘다
- 差 chà 형 부족하다
- 探望 tànwàng 동 병문안을 가다
- 声调 shēngdiào 명 성조
- 塌 tā 동 무너지다
- 责怪 zéguài 동 책망하다, 질책하다
- 拼图 pīn(//)tú 명동 퍼즐(을 맞추다)
- 头脑 tóunǎo 명 두뇌, 머리
- 性格 xìnggé 명 성격
- 留学 liú//xué 동 유학하다
- 坚持 jiānchí 동 열심히 계속하다

- 见效 jiànxiào 동 효과가 있다
- 爱不释手 ài bú shì shǒu 소중하게 여겨서 손에서 내려놓지 못하다
- 地址 dìzhǐ 명 주소
- 方案 fāng'àn 명 방안
- 老化 lǎohuà 명동 노화(하다)
- 眼睛 yǎnjing 명 눈
- 开学 kāi//xué 동 개학하다
- 放假 fàng//jià 동 휴가를 가다
- 懂事 dǒng//shì 동 철들다
- 管 guǎn 동 상관하다, 참견하다
- 爬 pá 동 오르다
- 山顶 shāndǐng 명 산꼭대기, 정상
- 五音不全 wǔyīn bùquán 음치
- 敲门 qiāo mén 노크하다
- 空调 kōngtiáo 명 에어컨
- 剩下 shèngxià 동 남다, 남기다
- 检查 jiǎnchá 명동 검사(하다)
- 上班 shàng//bān 동 출근하다
- 套 tào 양 세트로 이루어진 물건을 세는 양사

语法

> **양보관계복문의 정의와 패턴**
>
> **정의:** 누구나 인정하는 특정한 사실이나 현상을 앞에서 먼저 서술하고, 두 번째 구에서 앞에서 언급한 사실에 의하여 얻어질 것으로 예상되는 결론은 건드리지 않고 오히려 예상과 반대되는 혹은 예상에서 어긋나는 어떤 사실을 언급하는 복문을 '양보복문'이라고 한다.

❶ 虽然 suīrán + P + 但是 dànshì / 不过 búguò + Q
비록 'P'하기는 하지만 (그러나) 'Q'하다

'P'에서 어떤 사실을 인정하고, 이어지는 'Q'에서 앞의 사실로부터 예상되는 것과는 모순되거나 반대되는 사실을 언급한다. 'P'와 'Q'의 내용은 서로 상반되지만 함께 공존 가능하다는 의미를 표현하는 양보복문이다.

'虽然'은 주어의 앞과 뒤 어디에도 올 수 있지만, '但是'는 항상 'Q'의 첫머리에 위치하여야 하며, '不过'로 바꾸어 써도 된다. 'P'와 'Q'에는 주로 주술구가 온다.

　　虽然这个公园很小，但是每天很多人来玩儿。
　　你虽然有很多钱，但是应该节省一点。
　　她虽然这次考试没考好，但是并不伤心。
　　他们两个虽然是亲兄弟，不过性格完全不一样。

❷ 哪怕 nǎpà + P + 也 yě + Q　　**설령 'P'할지라도 그래도 'Q'하다**

'P'에서 양보의 의미를 가진 가정 명제를 언급하고, 'Q'에서 예상과 모순되거나 반대되는 결론을 표현하는 '가정양보복문'이다. 'P'에는 명사는 물론 주술구까지 모두 올 수 있고, 'Q'에는 주로 주술구가 온다. '哪怕'가 주어의 뒤에 오는 경우가 없는 것은 아니지만, 대부분 문장의 첫머리에 두어야 한다. 부사 '也'는 'Q'의 주어와 술어 사이에 위치한다.

'P'에는 아직 실현되지 않은 내용, 실현될 가능성이 희박한 내용을 가정하여 언급하는 것이 원칙이다. 때문에 ❶과 구분하여 '가정양보복문'이라고 하는 것이다.

哪怕我不说，我女朋友也肯定知道。
哪怕明天下大雨，我们也要去。
哪怕失败，你也不要灰心。
哪怕工作再忙，也要锻炼身体。
哪怕是老朋友，犯了这么大的错误也不能原谅。

* 虽然雨下得很大，但是他还是来了。(○) → 올바른 표현
　哪怕雨下得很大，他也来了。(×) → 틀린 표현: 비가 내리고 있는 것은 실현된 사실이기 때문

❸ 即使 jíshǐ ＋ P ＋ 也 yě ＋ Q　　설령 'P'할지라도 그래도 'Q'하다

❷와 문법적, 의미적으로 거의 같은 문형이다. 다만 ❷의 '哪怕 nǎpà'는 일상생활에서 자주 쓰이는 구어체 표현이고, '即使'는 공적인 자리나 글을 쓸 때 자주 사용하는 문어체 표현이라는 점에서 미묘한 뉘앙스의 차이가 있다. 어쨌든 '哪怕'와 '即使'를 서로 바꾸어 사용해도 문법적으로 틀리지는 않는다.

即使我不说，我女朋友也肯定知道。
即使失败，你也不要灰心。
即使困难很大，我们也能克服它。

❹ 尽管 jǐnguǎn ＋ P ＋ 还是 háishi ＋ Q　　'P'임에도 불구하고 (그래도) 'Q'이다(하다)

'P'에서는 먼저 이미 발생한 어떤 사실에 대해서 인정하고, 'Q'에서는 앞에서 인정한 상태나 상황이 계속 이어지고 있음에도 불구하고 변하지 않는 어떤 사실, 감상, 느낌, 결심 등을 언급하는 양보복문이다. 문법적으로 또는 의미적으로 ❶의 '虽然 suīrán' 문형과 흡사하지만, '尽管'이 '虽然'보다 훨씬 더 '양보'의 뉘앙스를 강력하게 전달한다. '虽然' 구문의 '강조형'이라고 알아두면 된다.

주어는 '尽管'의 앞에 오는 경우도 간혹 있기는 하지만, 대부분 '尽管'의 뒤에 온다. '还是'는 뒷 구의 주어와 술어 사이에 위치하여야 한다.

语法

尽管妈妈很忙，她还是陪我玩了半天。
尽管假期短，我还是应该回故乡去。
尽管工资不多，我还是喜欢现在的工作。
事情尽管不重要，你们还是应该认真考虑。

❺ P + 只是 zhǐshì + Q   'P'하기는 하지만 그저 (다만) 'Q'할 뿐이다

화자가 'P'에서는 특정한 사실을 상당 부분 인정하고, 'Q'에서는 'P'의 내용을 일부 수정하거나 앞에서 부족하다고 느꼈던 부분을 보충 설명하는 형식의 양보복문이다. 화자가 말하고 싶은 중점은 'P'에 있으며, 'Q'에는 약간 아쉬운 기분으로 덧붙이고 싶은 내용, 이것만 있으면 'P'가 더 완벽해질 텐데라고 생각하는 내용을 보충한다. 다른 양보복문에 비하면 상당히 가벼운 느낌의 구어체 표현이다. 'P'와 'Q'에는 주로 주술구가 온다.

爸爸身体很健康，只是眼睛有点儿老化了。
这本书好是好，只是价格太贵了。
我弟弟各方面都好，只是学习差一点儿。

❻ 양보관계복문 정리

	관련어(전)	P	관련어(후)	Q	기타
❶	虽然	사실(실현)	但是/不过	'P'와 모순, 반대	구어체
❷	哪怕	미실현(가정)	也	'P'와 모순, 반대	구어체
❸	即使	미실현(가정)	也	'P'와 모순, 반대	문어체
❹	尽管	사실(실현)	还是	'P'와 모순, 반대	'虽然'의 강조형
❺	×	사실(중요)	只是	'P'의 내용을 보충	가벼운 양보문

1 보기에서 적당한 관련어를 선택하여 우리말에 맞는 중국어를 완성하세요.

> 보기   虽然……但是……,   只是,   即使……也……,   尽管……还是……

1. 아빠는 바쁨에도 불구하고 일요일이면 여전히 나와 놀아줍니다.
   ⇨ _____爸爸很忙，星期天他_____陪我玩。

2. 그는 비록 일이 무척 바쁘기는 하지만, 매일 몸을 단련하러 꾸준히 공원에 갑니다.
   ⇨ 他_____工作很忙，_____每天都坚持去公园锻炼身体。

3. 설령 길이 제아무리 멀어도 나는 부모님께 문안 드리러 집으로 돌아갈 겁니다.
   ⇨ _____路有多远，我_____要回家探望父母。

4. 중국어는 재미있기는 한데 다만 성조가 좀 어려울 뿐입니다.
   ⇨ 汉语很有意思，_____声调有点儿难。

5. 설령 하늘이 무너진다고 해도 나는 두렵지 않습니다.
   ⇨ _____天塌下来，我_____不怕。

6. 비록 이번 성적은 그다지 좋지 않지만, 엄마는 나를 나무라지 않았습니다.
   ⇨ _____这次成绩不太好，_____妈妈没有责怪我。

7. 설사 아무리 많은 시간이 걸리더라도 나는 퍼즐을 완성할 것입니다.
   ⇨ _____花再多的时间，我_____要把拼图完成。

8. 선생님이 그를 여러 번 꾸중했음에도 불구하고, 그는 여전히 종종 지각을 합니다.
   ⇨ _____老师说过他很多次了，他_____常常迟到。

9. 이 이야기는 비록 짧지만, 의미는 아주 심오합니다.
   ⇨ 这篇故事_____很短，_____意义很深远。

10. 나 역시 거기에 무척 놀러 가고 싶기는 한데, 다만 오늘 짬이 없어요.
    ⇨ 我也很想去那儿玩，_____今天没有空儿。

 练习

2 보기에 주어진 단어만을 활용하여 밑줄을 채워서 우리말에 맞는 중국어를 완성하세요.
(★ 같은 단어를 두 번 사용해야 하는 경우도 있음)

1. 그는 비록 머리가 좋지는 않지만, 열심히 공부합니다. [头脑 / 好 / 不 / 他 / 虽然]

   ⇨ _____, 但是努力学习。

2. 그들 두 사람은 비록 친형제이지만, 성격은 완전히 다릅니다.
   [不同 / 但是 / 完全 / 性格]

   ⇨ 他们两个人虽然是亲兄弟, _____。

3. 비록 그는 서른 살이나 되었지만, 말은 아직도 어린이처럼 합니다.
   [还是 / 小孩儿 / 但是 / 说话 / 一样 / 像]

   ⇨ 虽然他都三十岁了, _____。

4. 집에 돈이 없음에도 불구하고 그는 여전히 미국으로 유학 가기를 고집합니다.
   [他 / 留学 / 去 / 还是 / 美国 / 坚持]

   ⇨ 尽管家里没有钱, _____。

5. 벌써 일주일 동안 약을 먹었음에도 불구하고, 나의 병은 여전히 차도를 보이지 않습니다.
   [药 / 的 / 了 / 尽管 / 吃 / 一个星期 / 已经]

   ⇨ _____, 可是我的病还是不见效。

6. 이 손목시계는 이미 가지 않음에도 불구하고, 그는 여전히 매우 아낍니다.
   [块 / 了 / 尽管 / 走 / 手表 / 不 / 已经 / 这]

   ⇨ _____, 但他还是爱不释手。

7. 일이 아무리 바쁘더라도 몸을 단련하러 가야 합니다. [忙 / 再 / 工作 / 即使]

   ⇨ _____, 也应该去锻炼身体。

8. 설령 그가 당신의 주소를 모른다 해도 당신을 찾을 수 있습니다.
   [你 / 的 / 不知道 / 即使 / 他 / 地址]

   ⇨ _____, 也能找到你。

9. 설사 너희들이 모두 안 간다고 해도 나 혼자라도 갈 거다.
   [要 / 我 / 去 / 也 / 一个人]

   ⇨ 即使你们都不去，_____。

10. 설령 단 한 사람이 반대를 하더라도 이 방안은 통과할 수 없습니다.
   [只 / 反对 / 哪怕 / 一个人 / 有]

   ⇨ _____，这个方案也不能通过。

11. 설사 그가 안 먹고 안 잔다고 해도, 이렇게 많은 일을 완성할 수는 없다.
   [吃 / 不 / 睡 / 他 / 哪怕]

   ⇨ _____，也完不成这么多工作。

12. 오늘 저녁에 설령 세 시간밖에 안 자는 한이 있어도 나는 숙제를 마칠 것입니다.
   [作业 / 也 / 要 / 完 / 我 / 做]

   ⇨ 今天晚上，哪怕只睡三个小时，_____。

13. 할아버지는 몸은 건강하십니다. 다만 눈이 좀 노화되었을 뿐입니다.
   [了 / 老化 / 有点儿 / 眼睛 / 只是]

   ⇨ 爷爷身体很健康，_____。

14. 그 청바지는 모양이 꽤 괜찮은데, 다만 내가 입기에는 좀 긴 게 흠이다.
   [穿 / 只是 / 长 / 我 / 起来 / 有点儿]

   ⇨ 那条牛仔裤样子挺不错的，_____。

15. 비록 곧 개학을 하지만, 남동생은 아직도 방학 숙제를 다 하지 못했습니다.
   [好 / 放假 / 但是 / 没 / 作业 / 弟弟 / 做 / 还]

   ⇨ 虽然快要开学了，_____。

练习

3 우리말을 참고하여 밑줄을 적절한 중국어로 채우세요.

1. 여동생은 비록 10살에 불과하지만, 벌써 철이 많이 들었습니다.
   ⇨ 妹妹虽然才十岁, _____ _____ 。

2. 설령 나와 관계는 없더라도 나는 상관해야겠습니다.
   ⇨ _____, 我也要管。

3. 남동생은 비록 똑똑하기는 하지만, 공부하기를 좋아하지 않습니다.
   ⇨ _____, 但是不爱学习。

4. 산이 제아무리 높더라도 나는 산 정상에 오를 것입니다.
   ⇨ _____, 我也要爬上山顶。

5. 내 방이 아무리 어지럽다고 해도, 네 방 어지러운 것에 비할 수는 없어.
   ⇨ _____, 也比不上你房间的乱。

6. 이런 약은 비록 (맛이) 쓰기는 하지만, 굉장히 효력이 있습니다.
   ⇨ _____, 但是非常见效。

7. 비록 나는 음치이기는 하지만, 음악은 좋아합니다.
   ⇨ _____, 但是我很喜欢音乐。

8. 텔레비전 소리가 너무 커서, 설사 누가 문을 두드린다고 해도 들리지 않습니다.
   ⇨ 电视声音太大了, _____, 我(也)听不见。

9. 설령 내일 바람 불고 비가 오더라도 나는 등교할 거야.
   ⇨ 哪怕明天刮风下雨, _____ 。

10. 그 회사의 조건이 좋기는 한데, 다만 우리 집에서 너무 먼 게 흠이다. 출퇴근에 두 시간 넘게 걸려.
    ⇨ 那家公司的条件很好, _____, 上下班要花两个多小时。

11. 나는 에어컨을 좋아하지 않아서 설령 날씨가 아무리 덥다 해도 켜는 걸 원치 않는다.

    ⇨ 我不喜欢空调，_____。

12. 시험 시간이 설령 3분 밖에 남지 않았다 해도 한 번 더 확인을 해야 한다.

    ⇨ 考试时间，哪怕只剩下三分钟，_____。

13. 설령 그 사람이라고 해도 어려움에 봉착할 때가 있습니다.

    ⇨ 即使他_____。

4 다음 우리말을 중국어로 바꾸세요.

A. [虽然 + P + 但是/不过 + Q] 연습

1. 할머니는 비록 나이가 많으시지만, 시력은 여전히 좋습니다.

   ⇨ _____。

2. 할아버지는 비록 벌써 일흔이 넘었지만 몸은 여전히 건강합니다.

   ⇨ _____。

3. 비록 어려움에 봉착하였지만, 그는 두려워하지 않습니다.

   ⇨ _____。

4. 이 스웨터는 비록 예쁘기는 하지만 너무 비쌉니다.

   ⇨ _____。

5. 여동생은 비록 나이가 어리기는 하지만, 철이 들었습니다.

   ⇨ _____。

6. 중국어는 비록 어렵기는 하지만, 나는 그래도 계속 중국어를 공부하고 싶습니다.

   ⇨ _____。

B. [即使 + P + 也 + Q] 연습

7. 그가 나를 좋지 않게 대한다고 하더라도 나는 그를 좋아합니다.

⇨ _____ 。

8. 아빠가 동의한다고 하더라도 엄마는 동의하지 않을 거야.

⇨ _____ 。

9. 엄마가 맛있다고 말하더라도, 아빠는 먹지 않을 걸.

⇨ _____ 。

10. 그녀는 아무리 바쁘다고 해도 매주 일요일마다 자신의 부모님을 뵈러 갈 겁니다.

⇨ _____ 。

11. 설령 자동차가 있다고 해도, 그는 운전하지 않을 것입니다.

⇨ _____ 。

C. [尽管 + P + 还是 + Q] 연습

12. 그는 나이가 많지 않음에도 불구하고, 그래도 철이 들었습니다.

⇨ _____ 。

13. 날씨가 추움에도 불구하고 그는 여전히 공원에 가서 몸을 단련합니다.

⇨ _____ 。

14. 몸이 많이 불편함에도 불구하고 그는 여전히 출근하러 갑니다.

⇨ _____ 。

15. 그는 몸이 좋지 않음에도 불구하고, 여전히 일하기를 고집합니다.

⇨ _____ 。

16. 그가 나를 좋지 않게 대함에도 불구하고 나는 여전히 그를 좋아합니다.

⇨ _____ 。

D. [P + 只是 + Q] 연습

17. 이 옷은 예쁘기는 한데, 다만 너무 비싼 게 흠입니다.

⇨ _____ 。

18. 중국 요리는 무척 맛있는데, 다만 너무 느끼할 따름입니다.

⇨ _____ 。

19. 오늘 날씨가 좋기는 한데, 다만 바람이 좀 있는 게 흠입니다.

⇨ _____ 。

20. 이 소설책은 재미는 있는데, 다만 너무 두꺼운 게 흠입니다.

⇨ _____ 。

21. 이 집은 꽤 괜찮기는 한데, 다만 회사에서 너무 멀다는 게 흠입니다.

⇨ _____ 。

중국 문학작품을 읽어보자!

◉ <u>虽然</u>传统的法律在面对今天高速前进的网络有些无所适从，<u>虽然</u>在中国有很多作家的作品都在网上免费阅读，<u>但是</u>我相信这一切都是暂时的。

비록 전통적인 법률이 오늘날 빠른 속도로 발전하는 인터넷에 대하여 어떻게 대처해야 할지 모르고 있는 면이 있고, 또 비록 중국에서는 많은 작가들의 작품을 모두 인터넷상에서 공짜로 읽을 수 있기는 하지만, 그러나 나는 이 모든 것이 일시적인 것이라고 믿고 있다.

余华,〈网络与文学〉《没有一条道路是重复的》

◉ 这个人头脑简单，<u>虽然</u>他睡着的时候也会做梦，<u>但是</u>他没有梦想。

이 녀석의 머리는 단순해. 비록 잠들었을 때 꿈을 꾸기도 하겠지만, 그러나 그 녀석에게는 꿈이 없어.

余华,《许三观卖血记》(韩语版自序)

◉ 她要是去卖血，谁都得站一边先等着，谁要是把她给得罪了，身上的血哪怕是神仙血，李血头也不会要了。

그녀가 만약 피를 팔러 간다면 누구든 다 한 쪽에 비켜서서 일단 기다려야 해. 누구든지 그녀에게 트집이라도 잡힐 양이면 그 사람 몸 안의 피가 제아무리 신선의 피라고 하더라도 리쉐터우가 사려고 하지 않을 거거든.

余华,《许三观卖血记》

중국 문학작품을 읽어보자!

- 他要告诉亲爹何小勇，他不再回到许三观家里去了，哪怕许三观天天带他去胜利饭店吃面条，他也不会回去了。

  그는 친부인 허샤오융에게 말할 것이다. 두 번 다시 쉬싼관의 집으로 돌아가지 않을 것이라고. 설사 쉬싼관이 매일 그를 승리반점으로 데리고 가서 국수를 먹여준다고 해도 그는 돌아가지 않을 것이라고.

  余华,《许三观卖血记》

- 对于母亲，父亲亦是如此，淡淡的，不同她多讲什么，即使是母亲的生日，也没见他有过比较热烈的表示。

  엄마에게도 아빠는 (자식들을 대할 때와) 마찬가지로 담담해서 엄마와 그렇게 많은 말을 하지 않으셨다. 설령 엄마의 생일날이라고 하더라도 아빠가 좀 적극적으로 표현하시는 것을 본 적이 없다.

  三毛,〈永恒的母亲〉《我的快乐天堂》

- 米放久了就要长出虫子来。虫子在米里面吃喝拉睡的，把一粒一粒的米都吃碎了，好像面粉似的。虫子拉出来的屎也像面粉似的，混在里面很难看清楚，只是稍稍有些发黄。

  쌀은 오래 방치하면 벌레가 생긴다. 벌레는 쌀알 틈에서 먹고 마시고 싸고 자면서, 쌀을 한 톨 한 톨 전부 다 먹어 치워 조각조각을 내어버려 마치 밀가루처럼 만들어버린다. 벌레가 싼 똥도 밀가루처럼 생겼기에 쌀알 틈에 섞이면 구분하기가 힘들다. 그저 살짝 노르스름해질 뿐.

  余华,《许三观卖血记》

가정관계복문

학습목표

1. 要是 + P + (的话) + (就/还) + Q: 만약 'P'한다면, 'Q'한다
2. 如果 + P + (的话) + (就) + Q: 만약 'P'한다면, 'Q'한다
3. 幸亏 + P + 才 + Q: 다행히 'P'하였기 때문에, 'Q'하다
4. P + 不然 + Q: 'P'한다. 그렇지 않다면 'Q'한다

生词

- 生鱼片 shēngyúpiàn 명 생선회
- 新鲜 xīnxiān 형 신선하다
- 犯错 fàn cuò 잘못을 범하다
- 孤单 gūdān 형 외롭다
- 赶得上 gǎndeshàng 따라잡을 수 있다, 시간에 댈 수 있다
- 陪 péi 동 (사람을) 모시고 ~을 하다
- 肯定 kěndìng 형 틀림없다, 확정적이다
- 阳光 yángguāng 명 햇빛
- 生物 shēngwù 명 생물
- 生存 shēngcún 명동 생존(하다)
- 阳台 yángtái 명 베란다, 발코니
- 浇水 jiāo//shuǐ 동 물을 뿌리다
- 枯死 kūsǐ 동 말라 죽다
- 摩托车 mótuōchē 명 오토바이, 바이크
- 危险 wēixiǎn 명형 위험(하다)
- 头盔 tóukuī 명 헬멧
- 雨伞 yǔsǎn 명 우산
- 淋雨 lín//yǔ 동 비에 젖다
- 及格 jí//gé 동 합격하다
- 剧烈 jùliè 형 격렬하다, 극렬하다
- 照常 zhàocháng 동 평소대로 하다

- 提醒 tíxǐng 동 일깨우다, 주의를 환기시키다
- 停车 tíng//chē 동 주차하다
- 撞 zhuàng 동 부딪치다
- 老人 lǎorén 명 노인
- 下班 xià//bān 동 퇴근하다
- 末班车 mòbānchē 명 막차
- 原因 yuányīn 명 원인
- 躺 tǎng 동 눕다
- 近视 jìnshì 명 근시
- 日记 rìjì 명 일기
- 帮 bāng 동 거들다, 돕다
- 帮助 bāngzhù 동 돕다 명 도움
- 邮局 yóujú 명 우체국
- 邮票 yóupiào 명 우표
- 原谅 yuánliàng 동 양해하다, 용서하다
- 迷路 mí(//)lù 동 길을 잃다 명 미로
- 下面 xiàmiàn 명 아래, 밑
- 沙地 shādì 명 모래땅
- 机会 jīhuì 명 기회
- 摔倒 shuāidǎo 동 넘어지다, 쓰러지다

语法

가정관계복문의 정의와 패턴

정의: 앞 구에서는 어떤 내용을 가정하고, 뒷 구에서는 그러한 상황 아래에서 출현할 것 같은 결과를 언급한다. 가정관계를 나타내는 구문의 앞 구에서 언급하는 내용은 아직 실현되지 않은 상황이거나 말하는 시점에서 실현 불가능한 내용일 경우가 대부분이다.

1 要是 yàoshi + P + (的话 de huà) + (就 jiù/还 hái) + Q

만약 'P'한다면, 'Q'한다

'P'라는 가정 조건 아래에서 'Q'라는 결과가 발생한다는 뜻을 표현하는 가정복문이다. 일상생활에서 널리 쓰이는 구어체의 가정복문이다. '的话'가 없어도 가정 조건의 성립에는 아무런 문제가 없지만, 사용하게 되면 '가정(假定)'의 느낌이 더욱 강해진다.

주어는 '要是'의 앞과 뒤 어디에도 올 수 있으며, '就'와 '还'는 'Q'의 주어의 뒤 혹은 술어의 앞에 써야 하지만, 문맥에 따라서는 사용하지 않아도 괜찮다. 구어체에서는 '要是'를 생략하고 '的话'만으로 가정조건을 나타내기도 한다.

要是考不上大学(的话)，我就找工作。
我要是有钱(的话)，就去买汽车。
要是明天下雨，你还去吗?
要是想吃生鱼片(的话)，那家餐馆的最新鲜。
要是你有时间(的话)，咱们一起去看电影吧。

② 如果 rúguǒ + P + (的话 de huà) + (就 jiù) + Q   만약 'P'한다면, 'Q'한다

문법적, 의미적으로 ❶의 '要是 yàoshi'와 거의 동일한 가정복문이다. 다만 '要是'가 구어체 표현인데 반해 '如果'는 구어체는 물론이고 문어체에도 쓸 수 있다.
'就'는 앞에서 가정한 전제 조건을 충족시킨다면, 자연스럽게 'Q'라는 결과가 발생하게 될 것임을 표시하는 부사이다. 때문에 문맥에 따라서는 쓰지 않을 수도 있다.

如果你不学习，就会考不上大学。
如果你不相信我，那么就算了。
你如果两点还不回来，我就不等你了。

③ 幸亏 xìngkuī + P + 才 cái + Q   다행히 'P'하였기 때문에, 'Q'하다

'P'의 행위가 이루어지고, 그 덕분에 'Q'라는 다행스러운 결과를 얻게 되었음을 나타낸다. 화자의 입장에서 바람직하지 않은 결과를 피할 수 있어서 정말 '다행'이라는 감정을 강하게 표현하는 문형인데, 'P'라는 행위가 이루어지지 않았다면 'Q'라는 다행스러운 결과마저 존재할 수 없었을 것이라는 뉘앙스를 암묵적으로 가정하고 있다.
부사 '幸亏'는 문장의 첫머리나 'P'의 주어 뒤에 모두 올 수 있지만, 대부분 문장의 첫머리에 온다. 'Q'에는 부정문이 많이 오지만 긍정문도 쓸 수 있다. 그러나 긍정문이든 부정문이든 주어의 입장에서 볼 때는 반드시 '다행'스러운 결과여야 한다. 만약 'P'와 'Q'의 주어가 동일하다면, 주어는 대부분 'P'에 위치한다.

幸亏有你，我才不会再犯错。
幸亏跟弟弟一起走，我才不孤单。
我幸亏跑得快，才赶得上那趟火车了。

语法

❹ P + 不然 bùrán + Q   'P'한다. 그렇지 않다면 'Q'한다

'P'에서 화자의 의견이나 특정한 사실을 진술한 후, '不然 bùrán'을 이용하여 'P'의 내용에 대하여 '그렇지 않다면'과 같이 부정적인 가정을 하고 이어서 'Q'라는 결론을 유도하는 가정복문이다. 다른 가정복문과 달리 두 절의 중간에 삽입하는 접속사 '不然' 자체가 앞 절 전체에 대한 '부정적 가정'의 의미를 가진다.

중국어로는 'P'와 'Q'를 '不然'이 연결하는 복문의 형식을 취하기 때문에 중간에 쉼표를 사용하지만, 우리말로는 'P'가 독립된 문장으로 간주되기 때문에, 옮길 때 일단 마침표를 찍고 '不然' 이하의 내용을 언급하면 된다. '不然'은 항상 뒷 구의 첫머리에 써야 한다.

你一定要唱一首歌，不然要跳个舞。
明天我有一件事，不然可以陪你玩儿。
快走吧，不然我们要迟到了。
她肯定有事，不然早就到了。

❻ 가정관계복문 정리

관련어(전)	P	P + (α)	관련어(후)	Q	특징
❶ 要是	가정 조건	(的话)	(就/还)	결과	구어체
❷ 如果	가정 조건	(的话)	(就)	결과	구어체 + 문어체
❸ 幸亏	이미 이루어진 행위		才	결과	'P'하였기 때문에 화자에게 'Q'라는 다행스러운 결과
❹ ×	의견, 사실		不然(부정 가정)	결론	구어체

练习

1 밑줄 친 중국어를 우리말로 옮기세요.

1. <u>如果没有阳光和水</u>，所有的生物就不能生存。
   ⇨ _____ 모든 생물은 생존할 수 없습니다.

2. <u>如果不是你</u>，我早就回家了。
   ⇨ _____ 나는 벌써 집으로 돌아갔을 겁니다.

3. <u>如果有时间</u>，我就去看你。
   ⇨ _____ 당신을 만나러 가겠습니다.

4. 如果没有父母，<u>就没有今天的我</u>。
   ⇨ 만약 부모님이 없었다면, _____ .

6. 阳台上的花要常常浇水，<u>不然会枯死</u>。
   ⇨ 베란다의 꽃에 자주 물을 줘야 합니다. _____ .

7. 骑摩托车要戴头盔，<u>不然很危险</u>。
   ⇨ _____ . 그렇지 않으면 위험합니다.

8. <u>幸亏带了雨伞</u>，才没被雨淋着。
   ⇨ _____ 비에 젖지 않았습니다.

2 우리말을 참고하여 밑줄을 적절한 중국어로 채우세요.

1. 만약 당신이 이 요리가 맛이 없다고 느껴진다면 저에게 말씀하세요.
   ⇨ _____ , 就告诉我。

2. 매일 운동하는 습관을 길러야 합니다. 그렇지 않으면 몸에 점점 살이 찔 겁니다.
   ⇨ 要养成每天运动的习惯，_____ 。

 练习

3. 만약 당신 몸이 불편하다면, 지금 기숙사로 돌아가 쉬세요.
   ⇨ 如果你身体不舒服，_____。

4. 틀림없이 기차가 연착했을 겁니다. 그렇지 않다면 그가 지금 당연히 도착했을 테니까요.
   ⇨ 一定是火车晚点了，_____。

5. 다행히 운전기사가 제때에 차를 세워서 그 노인을 치지 않았습니다.
   ⇨ _____，才没撞到那位老人。

3 보기에서 적당한 관련어를 선택하여 우리말에 맞는 중국어를 완성하세요.

보기   如果……就……， 幸亏……才……， ……，不然……

1. 만약 이번 시험에 불합격한다면, 졸업하는 데 문제가 생길 겁니다.
   ⇨ _____这次考试不及格，毕业_____会有问题了。

2. 식후에 격렬한 운동을 하지 마세요. 그렇지 않으면 위장을 다칠 수 있어요.
   ⇨ 吃完饭别做剧烈的运动，_____会伤害胃肠的。

3. 다행히 네가 사전에 나에게 알려 주어서 헛걸음하지 않았어.
   ⇨ _____你提前通知了我，我_____没白跑一趟。

4. 내일 만약 날씨가 좋다면, 시합은 예정대로 진행됩니다.
   ⇨ 明天_____是好天气，比赛_____照常举行。

5. 다행히 네가 나를 환기시켜 주어서 나는 지각하지 않았어.
   ⇨ _____你提醒了我，我_____没迟到。

4 다음 우리말을 지시문대로 작문하세요.

1. 만약 당신이 지금 빨리 가서 그에게 알려 주지 않으면 그는 퇴근해서 집으로 돌아가 버릴 겁니다. ['如果'를 사용할 것]

    ⇨ _____ 。

   당신은 지금 빨리 가서 그에게 알려요. 그렇지 않으면 그는 퇴근해서 집으로 돌아가 버릴 겁니다. ['不然'을 사용할 것]

    ⇨ _____ 。

2. 만약 우리가 서둘러 가지 않는다면, 막차를 놓치게 될 겁니다. ['如果'를 사용할 것]

    ⇨ _____ 。

   우리 서둘러 갑시다. 그렇지 않으면 막차를 놓치게 될 겁니다. ['不然'을 사용할 것]

    ⇨ _____ 。

3. 당신이 만약 지각한 원인을 그녀에게 가르쳐 주지 않는다면, 그녀는 화를 낼 겁니다. ['如果'를 사용할 것]

    ⇨ _____ 。

   당신은 지각한 원인을 그녀에게 가르쳐 주어야 합니다. 그렇지 않으면 그녀는 화를 낼 겁니다. ['不然'을 사용할 것]

    ⇨ _____ 。

4. 만약 누워서 책을 본다면 눈이 근시로 변할 거야. ['如果'를 사용할 것]

    ⇨ _____ 。

   누워서 책을 보지 말아라. 그렇지 않으면 눈이 근시로 변할 거야. ['不然'을 사용할 것]

    ⇨ _____ 。

5. 만약 네가 나의 일기를 훔쳐보지 않았다면, 네가 이렇게 분명하게 알지 못할 것이다.
['如果'를 사용할 것]

⇨ _____。

틀림없이 네가 내 일기를 훔쳐봤을 거야. 그렇지 않다면 네가 어떻게 그렇게 분명하게 알 수 있겠니. ['不然'을 사용할 것]

⇨ _____。

5 다음 우리말을 중국어로 바꾸세요.

A. [如果 + P + (的话) + (就) + Q] 연습

1. 만약에 당신이 시간이 있으면 나와 함께 영화 보러 갑시다.

   ⇨ _____。

2. 만약 그날 비가 온다면 나는 가지 않기로 했습니다.

   ⇨ _____。

3. 만약 당신이 우체국에 간다면, 나 대신 우표를 몇 장 사 주세요.

   ⇨ _____。

4. 만약 그가 말하지 않으면 네가 그에게 묻지 마라.

   ⇨ _____。

5. 만약 당신이 이미 알고 있다면, 내가 더 이상 말하지 않기로 하겠습니다.

   ⇨ _____。

6. 만약 당신의 도움이 아니었다면, 나는 오늘날 성공했을 리가 없습니다.

   ⇨ _____。

7. 만약 네가 열심히 공부하지 않는다면, 좋은 성적이 나올 리가 없다.

⇨ _____ 。

8. 만약 당신이 갈 수 없다면, 제가 혼자서 가겠습니다.

⇨ _____ 。

9. 만약 그가 이 커피를 마신다면, 내가 너에게 5천 위안을 주겠다.

⇨ _____ 。

B. [幸亏 + P + 才 + Q] 연습

10. 다행히 당신이 왔기 때문에 내가 길을 잃지 않았어요.

⇨ _____ 。

11. 다행히 아래가 모래땅이어서 아이가 다치지 않았습니다.

⇨ _____ 。

12. 다행히 그가 왔기 때문에 기회를 놓치지 않았습니다.

⇨ _____ 。

C. [P + 不然 + Q] 연습

13. 등산 갈 때는 운동화를 신어야 합니다. 그렇지 않으면 발이 아플 겁니다.

⇨ _____ 。

14. 너 빨리 내 책을 나에게 돌려줘. 그렇지 않으면 나는 복습할 방법이 없어.

⇨ _____ 。

 练习

15. 그는 틀림없이 일이 있을 겁니다. 그렇지 않으면 그가 지각할 리가 없습니다.

    ⇨ _____。

16. 다시 잘못을 저질러서는 안 돼. 그렇지 않으면 선생님이 우리를 용서하지 않을 거야.

    ⇨ _____。

17. 앞으로 단 것을 먹지 마라. 그렇지 않으면 또 치과에 가야 할 거야.

    ⇨ _____。

18. 앞으로 술을 마시지 마라. 그렇지 않으면 엄마가 다시 용서하지 않을 거야.

    ⇨ _____。

중국 문학작품을 읽어보자!

○ 许三观对许玉兰说："这荒年来得真不是时候，要是早几年来，我们还会好些，就是晚几年来，我们也能过得去。偏偏这时候来了，偏偏在我们家底空了的时候来了。"

쉬싼관은 쉬위란에게 말했다. "이번 흉년은 정말 힘든 시기에 닥쳤어. 만약 몇 년만 일찍 왔어도 우리들은 좀 괜찮았을 테고, 몇 년만 늦게 왔더라도 그럭저럭 견뎌낼 수 있었을 텐데. 하필 이 때 닥쳐서 말이야, 하필 우리 집에 아무 것도 없을 때 왔으니."

余华,《许三观卖血记》

○ 如果说文学虚构的世界仅仅是天空的话，那么网络虚构的世界完成了天空和大地的组合。

만약 문학의 허구 세계가 단지 하늘일 뿐이라고 한다면, 그렇다면 인터넷의 허구 세계는 하늘과 땅이 온전히 결합한 것이다.

余华,〈网络与文学〉《没有一条道路是重复的》

○ 要来也是忽然从天而降，不然预先约定也会临时有事，来不成。

온다고 해도 느닷없이 하늘에서 떨어지듯이 온다. 그렇지 않으면 미리 약속을 해도 갑자기 일이 생겨서 못 오게 되기도 한다.

张爱玲,《色・戒》

목적관계복문

학습목표

1. 为了 + P + (就) + Q: 'P'를 위하여 'Q'하다
2. 为了 + P + 才 + Q + (的): (다른 일이 아니라) 'P'를 위하여 힘들게 'Q'하다
3. P + 是为了 + Q: 'P'는 'Q'를 위해서이다
4. P(동사구) + 以 + Q(동사구): 'Q'하기 위하여 'P'하다,
   'P'하는 것은 'Q'하기 위해서이다
5. P + 以便 + Q: 'Q'라는 행위를 하기 편리하도록 'P'하다,
   'P'하는 것은 'Q'를 쉽게 하기 위해서이다
6. P + 以免 + Q: 'Q'하지 않도록 하기 위하여 'P'하다,
   'P'하여 'Q'라는 행위를 하지 않고 끝내다

生词

- 修建 xiūjiàn 동 건설하다, 시공하다
- 人行横道 rénxíng héngdào 명 횡단보도
- 美化 měihuà 명동 미화(하다)
- 纸杯 zhǐbēi 명 종이컵
- 高考 Gāokǎo 명 중국의 대학 입학 시험
- 塑料袋 sùliàodài 명 비닐봉투
- 戴面膜 dài miànmó (얼굴에) 팩을 하다
- 皮肤 pífū 명 피부
- 消毒 xiāo(//)dú 명동 소독(하다)
- 感染 gǎnrǎn 명동 감염(되다)
- 住宿 zhùsù 동 숙박하다, 묵다
- 品种 pǐnzhǒng 명 품종
- 消费者 xiāofèizhě 명 소비자
- 需求 xūqiú 명 수요 동 필요로 하다
- 保养 bǎoyǎng 명 (기계, 설비 등을) 정비하다, 수리하다
- 准时 zhǔnshí 부 정시에, 제때에
- 检查 jiǎnchá 명동 검사(하다), 점검(하다)
- 流通 liútōng 명동 유통(하다)
- 闹钟 nàozhōng 명 자명종
- 过头 guò//tóu 동 (기준을) 초과하다 형 너무하다, 심하다
- 笔记本电脑 bǐjìběn diànnǎo 명 노트북 컴퓨터
- 干热 gānrè 형 (날씨가) 건조하고 무덥다
- 防火 fánghuǒ 동 화재를 방지하다
- 火灾 huǒzāi 명 화재
- 后悔 hòuhuǐ 명동 후회(하다)
- 宝贵 bǎoguì 형 귀중하다
- 记笔记 jì bǐjì 필기를 하다
- 报名 bào//míng 동 신청하다, 이름을 등록하다
- 铁轨 tiěguǐ 명 철도 레일, 선로
- 攒钱 zǎn//qián 동 돈을 모으다
- 赚钱 zhuàn//qián 동 돈을 벌다
- 工会 gōnghuì 명 노동조합
- 募捐 mù//juān 동 기부금을 모으다
- 罢工 bà//gōng 동 파업하다
- 空军 kōngjūn 명 공군
- 为期 wéiqī 동 ~을 기한으로 하다
- 军事 jūnshì 명 군사
- 演习 yǎnxí 명동 연습(하다), 훈련(하다)
- 战斗力 zhàndòulì 명 전투력

语法

목적관계복문의 정의와 패턴

정의: 두 개의 구 혹은 절 중에서 하나는 목적(~을 위하여)을 나타내고, 나머지 하나는 목적을 달성하기 위하여 취하는 행동이나 조치에 대해서 언급한다. 목적복문은 목적을 표현하는 구 혹은 절이 앞쪽에 오는 문형과 뒤쪽에 오는 문형의 두 종류로 분류할 수 있다.

❶ 为了 wèile + P + (就 jiù) + Q   'P'를 위하여 'Q'하다

'P'에서는 동작이나 행위의 목적을 언급하고, 'Q'에서는 앞의 목적을 달성하기 위하여 자연스럽게 취하게 되는 조치를 표현하는 목적복문이다. 'P'와 'Q'에는 명사, 형용사(구), 동사(구), 주술구 등이 온다. 앞뒤 구의 주어가 동일하다면 일반적으로 'P'의 주어는 생략한다. 전체 주어가 하나라면, 'Q'의 앞에 쓸 수도 있지만, '为了'의 앞에 써도 괜찮다. 부사 '就'는 'Q'의 조치가 목적 달성을 위하여 자연스럽게 취해진다는 느낌을 강조할 때 사용한다.

> 为了节省时间，我就坐飞机去了。
> 为了考上好大学，我就决定参加补习班。
> 她为了结婚，早就开始存钱了。
> 老师为了学生，准备了很多教材。

❷ 为了 wèile + P + 才 cái + Q + (的 de)
(다른 일이 아니라) 'P'를 위하여 힘들게 'Q'하다

'P'에서는 일반적으로 달성하기 쉽지 않다고 판단되는 목적을 언급하고, 'Q'에서는 앞의 목적을 달성하기 위하여 화자의 입장에서 볼 때 약간 부담스러운 조치를 언급한다. '才 cái'는 'P'가 달성하기 힘든 목적임을 강조하는 부사이다.

문법적인 구조는 ❶과 거의 동일하지만, 마지막에 조사 '的'를 붙이는 경향이 있다는 점과 의미 차이에 주의하여야 한다.

> 他为了救孩子的生命，才受了这么重的伤。
> 她为了钱，才接近我的。
> 为了工作，我才来求你的。

❸ P + 是为了 shì wèile + Q   'P'는 'Q'를 위해서이다

목적에 해당하는 내용이 뒤(Q)에 오는 문형으로, 목적복문을 단문의 형태로 축약한 형태이다. 'P'라는 행동을 하는 이유는 'Q'라는 목적을 위해서라는 뜻을 나타낸다.
'P'에는 동사(구) 혹은 주술구가 오고, 'Q'에는 단순한 명사 혹은 복잡하지 않은 동사구가 주로 온다. 복문이 축약된 문형이기 때문에 일반적인 단문보다는 약간 긴 문장으로 표현되는 경향이 있다.

> 你妈妈这样做都是为了你。
> 我们努力学习是为了考上大学。
> 修建人行横道是为了美化环境。

❹ P(동사구) + 以 yǐ + Q(동사구)   'Q'하기 위하여 'P'하다,
'P'하는 것은 'Q'하기 위해서이다('P'함으로써 'Q'하다)

목적에 해당하는 부분이 뒤(Q)에 오는 문형으로 'P'라는 행위나 조치는 'Q'라는 목적 때문임을 표현하는 목적복문이다. 일반적으로 'P'와 'Q'에는 동사구가 온다.
구어체보다는 논설, 평론, 구호, 표어 등과 같이 공식적이고 딱딱한 내용의 글에 어울리는 문어체 표현으로, 우리말의 수단 표현 방법인 'P함으로써 Q하다'를 중국어로 번역할 때 이 문형을 사용할 수도 있다.

> 我不用纸杯，以减少垃圾。
> 他参加了补习班，以准备高考。
> 我们公司决定停止使用塑料袋，以保护环境。

❺ P + 以便 yǐbiàn + Q   'Q'라는 행위를 하기 편리하도록 'P'하다,
'P'하는 것은 'Q'를 쉽게 하기 위해서이다

'Q'의 앞에 '以便 yǐbiàn'을 사용하여 'P'에서 행한 조치는 'Q'에서 언급하는 목적이 비교적 '쉽게 달성될 수 있도록 하기 위해서'라는 뜻을 표현하는 복문이다.
일반적으로 'P'와 'Q'에는 동사구 혹은 주술구가 온다. 구어체와 문어체 모두에 쓸 수 있으며, 우리말에서는 'Q'를 먼저 표현하고 'P'를 뒤에 하는 것이 자연스럽다.

语法

你先把菜准备好，以便大家回来吃饭。
妈妈每天晚上戴面膜，以便保护皮肤。
老师买来了很多铅笔，以便孩子们写字。

❻ P + 以免 yǐmiǎn + Q   'Q'하지 않도록 하기 위하여 'P'하다, 'P'하여 'Q'라는 행위를 하지 않고 끝내다

'P'라는 행위나 조치를 하는 이유는 'Q'라는 바람직하지 않은 과정을 거치지 않기 위해서라는 뜻을 표현하는 복문이다. '以免 yǐmiǎn'의 뒤에는 주로 화자의 입장에서 볼 때, 그다지 바람직하지 않은 상황, 귀찮은 행동, 불편한 상태가 언급된다.
일반적으로 'P'와 'Q'에는 동사구 혹은 주술구가 온다. 구어체와 문어체 모두에 쓸 수 있는 문형으로, 우리말에서는 'Q'를 먼저, 'P'를 뒤에 표현하는 것이 자연스럽다.

有什么事给我打电话，以免你亲自来。
你应该赶快消毒，以免伤口感染。
你不要乱跑，以免走丢了。

❼ 목적관계복문 정리

	관련어(전)	P	관련어(후)	Q	기타
❶	为了	목적	(就)	조치, 행위	가장 일반적인 목적관계복문 표현
❷	为了	목적	才	조치(+ 的)	화자의 입장에서 달성하기 힘든 목적
❸	×	조치, 행위	是为了	목적	'P'와 'Q' 모두 단순한 구문
❹	×	조치, 행위	以	목적	'P'와 'Q' 모두 동사구 / 문어체(표어, 논설)
❺	×	조치, 행위	以便	목적	구어체 + 문어체
❻	×	조치, 행위	以免	목적	'Q'는 화자에게 바람직하지 않은 상황 / 구어체 + 문어체

# 练习

1 밑줄 친 중국어를 우리말로 옮기세요.

1. <u>妈妈很少用塑料袋</u>，是为了保护环境。
   ⇨ _____ 환경을 보호하기 위해서입니다.

2. 过马路要小心，<u>以免发生交通事故</u>。
   ⇨ _____ 도로를 건널 때는 조심해야 합니다.

3. <u>为了在晚饭以前做完作业</u>，弟弟从下午两点就没休息。
   ⇨ _____ 남동생은 오후 2시부터 쉬지 않았습니다.

4. 你参加还是不参加最好尽快通知，<u>以便安排车辆和住宿</u>。
   ⇨ _____ 당신이 참가할 건지 아닌지 가능하면 빨리 알려주세요.

5. <u>骑摩托车必须戴上头盔</u>，是为了求安全。
   ⇨ _____ 안전을 기하기 위함이다.

6. 我们公司最近增加了产品的品种，<u>以满足消费者的需求</u>。
   ⇨ _____ 우리 회사는 최근에 생산품의 종류를 늘렸습니다.

2 '以免'과 '以便' 두 단어 중에서 적당한 단어를 선택하여 다음 중국어 문장을 완성하세요.

1. 불의의 사고가 발생하지 않도록 여름철에는 정기적으로 차량을 점검해야 합니다.
   ⇨ 夏季要定期保养车辆，_____ 发生意外。

2. 정시 출발의 편의를 위해서 내일 여러분은 8시 전에 학교 정문에 집합하세요.
   ⇨ 明天大家八点前到学校门口集合，_____ 准时出发。

3. 실수하지 않도록 숙제를 다 한 다음에는 반복해서 검사해야 합니다.
   ⇨ 做完作业要反复检查，_____ 出错。

 练习

4. 공기가 통하기 쉽게 엄마는 나에게 창문을 열라고 시키십니다.
   ⇨ 妈妈叫我把窗户打开，_____流通空气。

5. 중국인과 중국어로 잡담을 나누는 데 편리하려고 나는 중국어를 공부합니다.
   ⇨ 我学习汉语，_____跟中国人用汉语聊天。

3 보기에 주어진 단어만을 활용하여 밑줄을 채워서 우리말에 맞는 중국어를 완성하세요.
(★ 보기에는 불필요한 단어가 하나씩 섞여 있음.)

1. 내일 일찍 일어나야 하니 늦잠 자는 일이 없도록 가능하면 알람을 맞추어라.
   [过头 / 以免 / 以便 / 睡]

   ⇨ 明天要早起，你最好定闹钟，_____。

2. 노트북을 사기 위해 나는 지난 달부터 슈퍼마켓에서 아르바이트를 합니다.
   [下个月 / 超市 / 上个月 / 开始 / 从 / 打工 / 在 / 我]

   ⇨ 为了买笔记本电脑，_____。

3. 날씨가 건조하고 더우니 화재가 발생하는 일이 없도록 반드시 방화 작업을 잘 해두어야 합니다. [以便 / 火灾 / 以免 / 发生]

   ⇨ 天气干热，一定要做好防火工作，_____。

4. 그들이 이사를 가려는 것은 아이가 학교 다니기 편하게 하기 위해서이다.
   [孩子 / 是 / 方便 / 以 / 上学 / 让 / 为了]

   ⇨ 他们要搬家，_____。

5. 우리가 준비를 갖추기 쉽도록 당신은 오기 전에 먼저 우리에게 전화라도 해 주세요.
   [好 / 以便 / 准备 / 我们 / 以免 / 做]

   ⇨ 你来以前先给我们打个电话，_____。

4 우리말을 참고하여 밑줄을 적절한 중국어로 채우세요.

1. 자빠지지 않도록 비 오는 날에는 길을 걸을 때 조심해야 합니다.
   ⇨ 雨天走路要小心，_____。

2. 장래에 좋은 대학에 합격하는 데 도움이 되려면 지금 열심히 공부해야 합니다.
   ⇨ 你现在应该好好学习，_____。

3. 살을 빼기 위해서 그녀는 저녁밥조차도 먹지 않습니다.
   ⇨ 为了减肥，_____。

4. 언니가 저녁밥을 먹지 않는 것은 살을 빼기 위해서입니다.
   ⇨ 姐姐不吃晚饭，_____。

5. 미래에 후회하는 일이 없도록 지금 열심히 공부해라.
   ⇨ 现在好好学习，_____。

6. 아이들에게 생명의 소중함을 알게 하기 위해서 요즘 많은 가정에서 강아지를 기릅니다.
   ⇨ 现在很多家庭养小狗，_____。

5 다음 우리말을 중국어로 바꾸세요.

A. [为了 + P + (就) + Q] 연습

1. 결혼하기 위해 그는 벌써부터 돈을 모으기 시작했습니다.
   ⇨ _____。

2. 돈을 아끼기 위해 그는 저녁밥조차 먹지 않습니다.
   ⇨ _____。

3. 환경 보호를 위해서 엄마는 비닐봉투를 거의 사용하지 않습니다.
   ⇨ _____。

练习

4. 돈을 조금 더 많이 벌기 위해서 아빠는 여러 가지 일을 했습니다.

⇨ _____ 。

5. 아이가 학교에 다니기 편하게 하기 위해서 그들은 이사를 가려고 합니다.

⇨ _____ 。

6. 영어를 마스터하기 위해 그는 오늘 저녁부터 영어 뉴스를 한 시간씩 듣기 시작하려고 합니다.

⇨ _____ 。

7. 안전을 기하기 위해서 오토바이를 탈 때는 반드시 헬멧을 써야 합니다.

⇨ _____ 。

8. 반장으로 뽑히기 위해서 그는 평소에 급우들에게 무척 잘합니다.

⇨ _____ 。

B. [P + 是为了 + Q] 연습

9. 그가 돈을 모으는 것은 결혼하기 위해서입니다.

⇨ _____ 。

10. 그가 저녁밥을 먹지 않는 것은 돈을 아끼기 위해서입니다.

⇨ _____ 。

11. 내가 지난 달부터 슈퍼마켓에서 일하기 시작한 것은 노트북을 사기 위해서입니다.

⇨ _____ 。

12. 아빠가 여러 가지 일을 하는 것은 돈을 좀 더 많이 벌기 위해서입니다.

⇨ _____ 。

13. 그가 오후 2시부터 쉬지 않은 것은 저녁식사 전에 숙제를 다 하기 위해서입니다.

⇨ _____ 。

14. 그가 평소에 급우들에게 잘하는 것은 반장으로 뽑히기 위해서입니다.

⇨ _____ 。

C. [P + 以 + Q] 연습

15. 일어날지도 모르는 파업을 준비하기 위해 우리 회사의 노동조합은 모금운동을 시작했습니다.

⇨ _____ 。

16. 공군의 전투력을 향상시키기 위해 한국 공군은 한 달 예정의 군사 훈련을 실시합니다.

⇨ _____ 。

D. [P + 以便 + Q] 연습

17. 복습의 편의를 위해 수업할 때 필기를 잘 해라.

⇨ _____ 。

18. 차량과 숙소 안배의 편의를 위해 여행 갈 사람은 미리 등록을 해야 합니다.

⇨ _____ 。

19. 새로 나온 단어를 찾아 보기 수월하도록 너희들은 사전을 한 권 준비해야 한다.

⇨ _____ 。

E. [P + 以免 + Q] 연습

20. 내일 잊는 일이 없도록 이것을 적어 놓으세요.

⇨ _____ 。

21. 불의의 사고가 발생하지 않도록 철로 위를 절대로 걸어 다니지 마시오.

⇨ _____ 。

22. 환부에 염증이 생기지 않도록 얼른 소독해요.

⇨ _____ 。

- 许三观在心里对自己说：为了二乐，为了二乐哪怕喝死了也要喝。他接过酒，一口喝了下去。

  쉬싼관은 마음속으로 자신에게 말했다. 얼러(둘째 아들의 이름)를 위해서, 얼러를 위해서 비록 마시다 죽는 한이 있어도 마셔야 한다. 그는 술을 받아들고 한 입에 다 마셔버렸다.

  余华,《许三观卖血记》

- 许三观点点头说："你说得对，这地方是被针扎过的，我今天去卖血了，我为什么要卖血呢？就是为了能让你们吃上一顿好吃的，我和你妈，还有二乐和三乐要去饭店吃面条，你呢，就拿着这五角钱去王二胡子的小店买个烤红薯吃。"

  쉬싼관은 고개를 끄덕끄덕거리며 말했다. "네 말이 맞다. 여기가 주사 바늘이 들어간 곳이야. 내가 오늘 피를 팔러 갔거든. 내가 왜 피를 팔아야 하느냐고? 바로 너희들에게 맛있는 밥을 한 끼 먹이기 위해서이지. 나하고 네 엄마, 그리고 얼러(둘째 아들)와 싼러(셋째 아들)는 국수를 먹으러 승리반점으로 갈 테니, 너는 이 5자오를 가지고 털보 왕얼 네 분식점에 가서 군고구마를 사 먹거라."

  余华,《许三观卖血记》

- 雨果的敌人们定了剧院的包厢，却让包厢空着，以便让报纸刊登空场的消息。

  신문에 극장이 텅 비었다는 뉴스가 실리기 쉽게 하려고 빅토르 위고의 적들은 오페라 극장의 박스석을 예약하고는 자리를 비워두었다.

  余华,〈音乐的叙述〉《高潮》

중국 문학작품을 읽어보자!

○ 我曾经提醒过他不要用真人姓名<u>以免</u>引起纠纷，他的解释是，用真人姓名在写作时便于很快进入角色，易于发挥。

나는 진작부터 동생(莫言: 모옌)에게 분쟁이 발생하지 않도록 실존 인물의 이름을 사용하지 말라고 충고했었다. 그러나 그의 변명은 실존 인물의 이름을 쓰면 작품을 쓸 때 등장인물에 빨리 몰입하기에 편해서 쉽게 내용을 전개할 수 있다는 것이었다.

管谟贤,《大哥说莫言》

○ 找到了厕所，我才知道他的内裤上缝了个口袋，口袋里装了五十元钱。他让我用身子挡住他，<u>以免</u>被别人发现了他装钱的口袋就在内裤上……

화장실을 발견하고서야 나는 그의 속옷에 주머니가 바느질되어 있고, 그 주머니 안에 50위안을 넣어두었다는 것을 알게 되었다. 그는 돈이 들어 있는 그의 속옷 주머니가 다른 사람에게 발견되지 않도록 나에게 몸으로 자기를 가리게 했다……

贾平凹,《高兴》

조건관계복문

학습목표

1. 只要 + P(일반조건) + 就/便 + Q: 'P'하기만 하면 바로 'Q'하게 된다
2. 只有 + P(절대조건) + 才 + (能) + Q: 오직 'P'하여야만 'Q'할 수 있다,
   'P'하지 않으면 'Q'할 수 없다
3. 不管 + P + 都/也 + Q: 'P'에도 불구하고('P'에 관계없이), 'Q'한다
4. 无论 + P + 都/也 + Q: 'P'에도 불구하고('P'에 관계없이), 'Q'한다

生词

- 改正 gǎizhèng 명/동 개정(하다)
- 宿舍 sùshè 명 기숙사
- 下雪 xià//xuě 동 눈이 내리다
- 散步 sàn(//)bù 명/동 산책(하다)
- 如何 rúhé 대 어떻게
- 瓶子 píngzi 명 병
- 满意 mǎnyì 형 만족하다
- 家务 jiāwù 명 가사, 집안일
- 款式 kuǎnshì 명 스타일, 디자인
- 尊重 zūnzhòng 동 존중하다
- 放弃 fàngqì 동 포기하다, 버리다
- 打针 dǎ//zhēn 동 주사하다
- 愿意 yuànyì 조동 ~하기를 바라다
- 机场 jīchǎng 명 공항
- 学费 xuéfèi 명 학비
- 接受 jiēshòu 동 받아들이다, 수락하다
- 装修 zhuāngxiū 동 (집이나 가게의) 내장수리를 하다, 인테리어 공사를 하다
- 房子 fángzi 명 집
- 屋子 wūzi 명 방
- 始末 shǐmò 명 (일의) 처음과 끝, 전말

- 事情 shìqing 명 일, 사건
- 实情 shíqíng 명 실정
- 了解 liǎojiě 동 (상세하게) 이해하다
- 解决 jiějué 동 해결하다
- 问题 wèntí 명 문제
- 婚礼 hūnlǐ 명 결혼식
- 治病 zhì//bìng 동 (병을) 치료하다
- 信心 xìnxīn 명 자신, 신념
- 好人 hǎorén 명 좋은 사람, 착한 사람
- 坏人 huàirén 명 나쁜 사람
- 秘密 mìmì 명 비밀
- 功课 gōngkè 명 (숙제나 예습 등의) 공부
- 马上 mǎshàng 부 곧, 금방
- 来龙去脉 láilóng qùmài 성 사태의 경위, 전후 관계
- 欢迎 huānyíng 명/동 환영(하다)
- 旅游 lǚyóu 명/동 여행(하다)
- 相机 xiàngjī 명 카메라
- 迷你裙 mínǐqún 명 미니스커트
- 运动会 yùndònghuì 명 운동회

语法

> **조건관계복문의 정의와 패턴**
>
> **정의:** 앞 구에서 필요한 조건을 언급하고, 뒷 구에서 그러한 조건을 만족시키는 결과에 대해서 설명한다. 주어진 조건의 유형에 따라서 '특정조건복문'과 '무조건조건복문'으로 분류할 수 있다.

❶ 只要 zhǐyào + P(일반조건) + 就 jiù/便 biàn + Q
'P'하기만 하면 바로 'Q'하게 된다

'P'에 특정한 조건을 제시하는 특정조건복문이다. '只要'의 뒤에 제시되는 'P'는 이어지는 결과(Q)를 유도하기 위한 필요조건이기는 하지만, 필수불가결한 조건은 아니다. 만약 'P'에 다른 조건이 제시된다고 하더라도 'Q'의 결과를 유도하는 데 큰 어려움이 없을 것이라는 뉘앙스를 내포하고 있다. 부사 '就' 대신에 '便 biàn'을 사용하기도 한다.
'Q'에는 동사구나 주술구가 오고, 'Q'에는 동사구가 온다. 주어는 '只要'의 앞과 뒤 어느 쪽에도 올 수 있고, 'P'와 'Q'의 주어가 동일하다면 하나를 생략해도 된다.

你只要有自信，就能成功。
只要吃这个药，你的病就会好的。
只要有时间，我就读书。
只要你的意见正确，我就改正。

❷ 只有 zhǐyǒu + P(절대조건) + 才 cái + (能 néng) + Q
오직 'P'하여야만 'Q'할 수 있다, 'P'하지 않으면 'Q'할 수 없다

'P'에 특정한 조건을 제시하는 특정조건복문이다. '只有'의 뒤에는 반드시 필요한 거의 유일한 조건(P: 절대조건)을 제시하고, 뒷 구에 '才'를 써서 최종 결과(Q)와 연결시킨다. 'P'에 제시된 유일한 조건을 만족시켜야만 '才' 이하의 결과를 얻을 수 있다는 뜻을 표현한다.
'P'에는 명사는 물론이고 주술구까지 올 수 있고, 'Q'에는 동사구 혹은 주술구가 온다. 'P'와 'Q'의 주어가 같다면 하나를 생략할 수 있다. 만약 앞뒤의 주어가 같아서 'Q'의 주어를 생략한다면, 'P'의 주어는 '只有'의 앞에 두어야 한다. '才'는 항상 'Q'의 주어 뒤, 술어의 앞에 온다.

只有考上大学的学生才能住在大学宿舍。
我们只有认真学习，才能取得好成绩。
只有你去请她，她才会来。
只有星期天，我才有空。

3 不管 bùguǎn + P + 都 dōu/也 yě + Q 'P'에도 불구하고('P'에 관계없이), 'Q'한다

'P'에 제시하는 어떠한 조건도 개의치 않음을 표시하는 무조건조건복문으로, 달리 표현하면 조건이 있기는 하지만 그 조건의 제약을 전혀 받지 않는 복문이다. '不管'의 뒤에 제시되는 조건 'P'가 어떠하든 상관없이 'Q'라는 결과 혹은 결론에는 변함이 없다. 'P'와 'Q'의 주어가 동일한 경우에는 'P'의 첫머리에 주어를 둘 수 있다.

결론에 해당하는 'Q'에 주술구가 오는 것은 동일하지만, 'P'에 사용하는 문형에 따라서 다음 세 가지 형태로 나눌 수 있다.

1 不管 + '정반의문문' + 都/也 + Q
　不管你去不去，我都要去。
　她不管忙不忙，一定会来的。

2 不管 + '선택관련구'(还是/或者) + 都/也 + Q
　不管下雨还是下雪，爸爸每天都要去散步。
　不管你来或者他来，我都不愿意见面。

3 不管 + '의문사구' + 都/也 + Q
　不管怎么忙，我每天都跑一个小时。
　不管你想去哪儿，我都可以陪你去。

语法

❹ 无论 wúlùn + P + 都 dōu/也 yě + Q   'P'에도 불구하고('P'에 관계없이), 'Q'한다

'P'에 제시하는 어떠한 조건에도 개의치 않음을 표시하는 무조건조건복문으로, ❸의 '不管 bùguǎn'과 거의 동일한 의미를 표현하는 문형이다.

'不管'과 비교하여 주의해야 할 차이점은 다음 두 가지이다.

1 '无论'의 뒤에 동사의 정반의문문은 사용할 수 있으나 형용사의 정반의문문은 다른 연결사('还是', '跟', '或者' 따위)가 필요하다.

　* 无论她忙还是不忙，一定会来的。(○) → 올바른 표현
　　不管她忙不忙，一定会来的。(○) → 올바른 표현
　　无论她忙不忙，一定会来的。(×) → 틀린 표현: '无论' 뒤에 형용사의 정반의문문을 사용했기 때문

2 '不管'은 구어체, '无论'은 문어체의 성격이 강하기 때문에 문어적 색채의 단어는 '无论'과만 결합한다.

　* 无论如何 (○) → 올바른 표현
　　不管如何 (×) → 틀린 표현: 구어적 느낌의 '不管'과 문어적 느낌의 '如何'가 결합하였기 때문

❺ 조건관계복문 정리

	관련어(전)	P	관련어(후)	Q	기타
❶	只要	일반적인 필요조건	就/便	결과	'P'는 필요하지만 필수불가결한 조건은 아님
❷	只有	절대조건(필수불가결)	才 + (能)	결과	'P'의 절대조건을 만족시켜야만 결과가 도출됨
❸	不管	정반의문문 / 선택관련구(还是/或者) / 의문사구	都/也	결과	'P'는 불특정한 조건, 구어체 표현
❹	无论	정반/선택/의문사	都/也	결과	'P'는 불특정한 조건, 문어체 표현

 练习

1 보기에서 적당한 관련어를 선택하여 우리말에 맞는 중국어를 완성하세요.

> 보기 只要……就……, 只有……才……, 不管……都……

1. 내 여동생은 돈만 있으면 은행에 저축하러 갑니다.
   ⇨ 我妹妹_____有钱,_____去银行存款。

2. 이 병은 내가 아무리 힘을 써도 열리질 않습니다.
   ⇨ 这个瓶子_____我怎么用力,_____打不开。

3. 당신이 만족하기만 한다면 저는 안심입니다.
   ⇨ _____你满意, 我_____放心了。

4. 그 곳은 배를 타야만 갈 수 있습니다.
   ⇨ 那个地方_____坐船,_____能去。

5. 시간만 있으면 그녀는 엄마를 도와 집안일을 합니다.
   ⇨ _____有时间, 她_____帮妈妈做家务。

6. 이 스타일이면 됩니다. 무슨 색깔이든 상관 없어요.
   ⇨ _____是这个款式_____可以, 什么颜色都没关系。

7. 먼저 다른 사람을 존중해야만 다른 사람의 존중을 얻을 수 있습니다.
   ⇨ _____先尊重别人,_____会得到别人的尊重。

8. 몇 번을 실패하든 상관없이 우리는 포기하지 않을 것입니다.
   ⇨ _____失败多少次, 我们_____不会放弃的。

9. 나만이 그 사람을 압니다.
   ⇨ _____我_____认识他。

10. 주사 한 대 맞고, 약 좀 먹고 이삼 일 쉬면 당신의 병은 좋아질 것입니다.
    ⇨ _____打一针、吃点儿药、休息两三天, 你的病_____会好的。

练习

2 보기에 주어진 단어만을 활용하여 밑줄을 채워서 우리말에 맞는 중국어를 완성하세요.
(★ 주의1: 보기에는 불필요한 단어가 하나씩 섞여 있음./ 주의2: 같은 단어를 두 번 써야 하는 문제도 있음.)

1. 아빠가 찬성하기만 하면 나는 중국에 유학 갈 수 있습니다.
   [可以 / 才 / 就 / 了 / 中国 / 我 / 留学 / 去]

   ⇨ 只要爸爸赞成, _____。

2. 당신이 원하기만 하면 제가 당신을 공항에 보내드리겠습니다.
   [你 / 我 / 接 / 送 / 机场 / 就 / 去]

   ⇨ 只要你愿意, _____。

3. 당신이 먼저 학비를 지불해야만, 학교가 당신을 받아들일 것입니다.
   [学费 / 你 / 只有 / 先 / 只要 / 交]

   ⇨ _____, 学校才会接受你。

4. 꾸준히 노력하기만 하면 성공하는 날이 올 것입니다.
   [就 / 一天 / 成工 / 成功 / 有 / 的 / 会]

   ⇨ 只要一直努力, _____。

5. 집 인테리어를 다 해야만 우리가 이사 들어갈 수 있습니다.
   [装修 / 房子 / 了 / 屋子 / 好 / 只有]

   ⇨ _____, 我们才能搬进去。

6. 당신이 어디를 가고 싶어하든 저는 당신을 모시고 갈 수 있습니다.
   [去 / 你 / 那儿 / 哪儿 / 想 / 不管]

   ⇨ _____, 我都可以陪你去。

7. 일의 전말을 이해해야만 문제를 해결할 수 있습니다.
   [始末 / 实情 / 事情 / 只有 / 的 / 了解]

   ⇨ _____, 才能解决问题。

8. 우리 형은 운동을 아주 좋아해서 어떤 운동이든 다 좋아합니다.
   [都 / 喜欢 / 不管 / 他 / 运动 / 怎么 / 什么]

   ⇨ 我哥哥非常喜欢运动, _____。

9. 이런 옷은 결혼식에 참석할 때만 입을 기회가 있습니다.
   [婚礼 / 只有 / 才 / 时候 / 时候 / 参加 / 的]

   ⇨ 这种衣服＿＿＿＿＿＿＿＿＿＿＿＿＿＿＿＿＿＿＿＿有机会穿。

10. 영화를 보러 가든 아니면 거리를 구경하러 가든 나는 다 괜찮습니다.
    [看 / 看见 / 不管 / 还是 / 逛街 / 去 / 电影]

    ⇨ ＿＿＿＿＿＿＿＿＿＿＿＿＿＿＿＿＿＿＿＿，我都可以。

3 우리말을 참고하여 밑줄을 적절한 중국어로 채우세요.

1. 자신만이 자기 미래의 방향을 결정할 수 있습니다.

   ⇨ 只有自己，＿＿＿＿＿＿＿＿＿＿＿＿＿＿＿＿＿＿＿＿。

2. 이런 방법을 사용해야만 이런 병을 치료할 수 있습니다.

   ⇨ ＿＿＿＿＿＿＿＿＿＿＿＿＿＿＿＿，才能治好这种病。

3. 그녀의 딸은 아주 귀여워서, 누구든 관계없이 그 아이를 보면 다 좋아합니다.

   ⇨ 她的女儿很可爱，＿＿＿＿＿＿＿＿＿＿＿＿＿＿＿＿＿＿＿＿。

4. 내가 가든 안 가든 상관없이 당신에게 알려 주겠습니다.

   ⇨ ＿＿＿＿＿＿＿＿＿＿＿＿＿＿＿＿，我都会告诉你的。

5. 우리들이 믿음만 있다면 이 일을 잘 해낼 수 있습니다.

   ⇨ ＿＿＿＿＿＿＿＿＿＿＿＿＿＿＿＿，就能办好这件事。

6. 그가 좋은 사람이든 나쁜 사람이든 그의 부모는 여전히 그를 사랑할 것입니다.

   ⇨ ＿＿＿＿＿＿＿＿＿＿＿＿＿＿＿＿＿，他的父母还是都会爱他。

7. 당신이 말하지만 않는다면 이 비밀은 누가 알 리 없습니다.

   ⇨ 只要你不说，＿＿＿＿＿＿＿＿＿＿＿＿＿＿＿＿＿＿＿＿。

8. 이번 주가 되었든 다음 주가 되었든 상관없이 나는 다 시간이 없습니다.

   ⇨ ＿＿＿＿＿＿＿＿＿＿＿＿＿＿＿＿＿＿＿，我都没有时间。

练习

9. 열심히 공부해야만 좋은 대학에 합격할 수 있습니다.

   ⇨ 只有努力学习, _____。

10. 일이 아무리 바쁘더라도, 그는 언제나 시간을 내어 몸을 단련합니다.

    ⇨ _____, 他都要抽出时间去锻炼身体。

4 다음 우리말을 중국어로 바꾸세요. (★ 지시문이 있으면 지시문을 따를 것)

A. [只要 + P + 就/便 + Q] 연습

1. 그는 돈만 있으면 책을 사러 서점에 갑니다.

   ⇨ _____。

2. 그녀는 돈만 있으면 옷을 사러 백화점에 갑니다.

   ⇨ _____。

3. 내 남동생은 돈만 있으면 먹을 것을 사러 갑니다.

   ⇨ _____。

4. 시간만 있으면 그는 놀러 나갑니다.

   ⇨ _____。

5. 시간만 있으면 그는 수업 내용을 복습합니다. ['수업(내용)'은 '功课'를 사용할 것]

   ⇨ _____。

6. 약만 좀 먹으면 당신의 병은 금방 좋아질 것입니다. ['금방'은 '马上'을 사용할 것]

   ⇨ _____。

7. 당신이 좋아하기만 하면 나는 안심입니다.

   ⇨ _____。

8. 비가 일단 그치기만 하면 우리는 금방 출발할 겁니다. ['금방'은 '马上'을 사용할 것]

   ⇨ _____。

B. [只有 + P + 才 + (能) + Q] 연습

9. 많이 듣고, 많이 말하고, 많이 연습해야만 중국어를 마스터할 수 있습니다.

⇨ _____。

10. 저녁밥을 먹지 않아야만 살을 뺄 수 있습니다.

⇨ _____。

11. 아빠가 중국으로 유학 가는 것을 허락해야만 나는 갈 수 있습니다.

⇨ _____。

12. 그 사람만이 이 일의 자초지종을 알고 있습니다.

⇨ _____。

13. 그 사람만이 나를 압니다.

⇨ _____。

14. 여기에 서 있어야지만 볼 수 있습니다.

⇨ _____。

15. 지하철을 타야지만 지각하지 않을 겁니다.

⇨ _____。

16. 그 곳은 비행기를 타야만 갈 수 있습니다.

⇨ _____。

C. [不管 + P + 都/也 + Q] 연습

17. 양식을 먹든 중식을 먹든 간에 나는 다 좋아합니다.

⇨ _____。

18. 당신이 가든 내가 가든 그들은 모두 환영할 겁니다.

⇨ _____。

 练习

19. 수학이든 영어든 상관없이 그의 성적은 다 안 좋습니다.

⇨ _____ 。

20. 중국어든 영어든 상관없이 나는 다 배우고 싶습니다.

⇨ _____ 。

21. 당신이 원하든 원하지 않든 간에 내일 당신은 와야 합니다. ['~해야 한다'는 '得'를 사용할 것]

⇨ _____ 。

22. 그녀는 바쁘든 바쁘지 않든 상관없이 올 것입니다.

⇨ _____ 。

23. 무슨 일을 하든 모두 열심히 해나가야 합니다.

⇨ _____ 。

24. 그는 어디를 여행하러 가든 상관없이 늘 사진기를 가지고 갑니다.

⇨ _____ 。

25. 아무리 추워도 그녀는 미니스커트를 입습니다.

⇨ _____ 。

26. 이 일이 아무리 힘들어도 우리는 완성해야만 합니다. ['힘들다'는 '困难'을 사용할 것]

⇨ _____ 。

27. 어떤 날씨가 되었든 상관없이 할아버지는 몸을 단련하러 공원에 가십니다.

⇨ _____ 。

28. 내일 날씨가 아무리 추워도 그녀는 운동회에 참가하기로 결심했습니다.

⇨ _____ 。

중국 문학작품을 읽어보자!

◎ 金钱这东西，在年轻的时候并不是必要的，只要有健康、有希望就好了。

돈이라는 이 물건은 젊은 시절에는 그다지 필요가 없다. 그저 건강과 희망만 있으면 된다.

三毛,〈钱不钱没关系〉《我的快乐天堂》

◎ 他认为只要躺在家中的床上，让爱犬陪着看看电视就是真正的幸福。

그는 집안 침대에 누워서 애견을 옆에 두고 텔레비전을 보곤 하는 것이 진정한 행복이라고 생각한다.

余华,〈重读柴科夫斯基〉《高潮》

◎ 大厦跟大厦之间的巷子，永远没有阳光，夹缝里，生命流动得舒畅又缓慢，只要汽车开不过去的地方，就没有东西压在背上的感觉。

빌딩과 빌딩 사이의 골목에는 영원히 햇빛이 닿지 않고, 틈새는 삶이 편안하고 느긋하게 흘러다닌다. 자동차가 지나다닐 수 없는 곳이라면 등을 짓누르는 어떤 느낌도 없다.

三毛,〈忠孝西路〉《我的快乐天堂》

◎ 只有在她确定前后都没有脚步声的时候，她才会放慢自己的步伐，抬起了自己的头，看着天空里一轮皎洁的明月……

앞뒤에 발걸음 소리가 없다는 것을 확인하였을 때에만, 그녀는 비로소 자신의 발걸음을 늦추고 고개를 들어 하늘에 떠 있는 새하얀 보름달을 바라보곤 했다……

余华,《兄弟》

중국 문학작품을 읽어보자!

- "三民，你觉得幸福不幸福？" "挺幸福的。怎么了？" "不管多幸福，眼里也不能没别人。"

  "싼민, 넌 행복하다고 느끼니?"
  "엄청 행복한데. 왜?"
  "아무리 행복하다고 하더라도 눈 속에 다른 사람이 없으면 안 되잖아.(다른 사람 사정도 좀 생각해야 되지 않겠어?)"

  刘恒,《贫嘴张大民的幸福生活》

- 无论是巴尔扎克和狄更斯，还是普鲁斯特和乔伊斯，他们都通过了所处时代最便捷的途径来到读者们中间。

  발자크와 디킨스, (마르셀) 프루스트, (제임스) 조이스, 그 누구를 막론하고 이들은 모두 자신이 처한 시대의 가장 빠른 지름길을 통하여 독자들 사이로 파고들었다.

  余华,〈网络与文学〉《没有一条道路是重复的》

- 有了足够的钱，还有更多的钱，有时对人并不一定是幸运的事。譬如吃过多的食物，无论营不营养，到后来造成了身体的负担，还得花钱请医生帮忙解决。

  충분한 돈이 있다든지 더욱 많은 돈이 있다는 것은 때로는 사람에게 있어서 반드시 다행스러운 것은 아니다. 예를 들어 지나치게 많은 음식을 먹었다면, 영양이 있든 없든 간에 최종적으로 인체에 부담을 초래하고 결국 돈을 들여 의사에게 어떻게 해달라고 도움을 청해야만 하는 것과 같다.

  三毛,〈钱不钱没关系〉《我的快乐天堂》

12 复习

※ 7~11과까지 배운 구문을 활용하여 복습해 보세요!

① 连 + 一 + … + 都/也 + 不/没

1. 그는 밥 한 술조차 먹지 않았다.

   ⇨ _____。

2. 그는 이 글자조차 모릅니다.

   ⇨ _____。

3. 그는 오늘 얼굴조차 씻지 않았습니다.

   ⇨ _____。

4. 그 아이는 자기 이름조차 쓸 줄 모릅니다.

   ⇨ _____。

5. 요 며칠 나는 신문을 볼 시간조차 없습니다.

   ⇨ _____。

② 不但 + P + 而且 + Q

1. 그녀만 중국어를 할 줄 아는 게 아니라 그녀의 언니도 중국어를 할 줄 압니다.

   ⇨ _____。

2. 아빠만 오신 게 아니라 엄마도 오셨습니다.

   ⇨ _____。

3. 그 사람만 커피 마시는 걸 좋아하지 않는 것이 아니라 그의 아버지도 커피 마시는 걸 좋아하지 않습니다.

   ⇨ _____。

 复习

4. 우리 언니는 영어를 할 줄 알 뿐만 아니라 중국어도 할 줄 압니다.

   ⇨ _____ 。

5. 그는 공부만 잘하는 것이 아니라 인간관계도 좋습니다.

   ⇨ _____ 。

3 不仅 + P + 就是 + 也 + Q

1. 그는 집에서뿐만 아니라 학교에서도 말을 잘 듣습니다.

   ⇨ _____ 。

2. 그는 소설은커녕 신문도 보지 않습니다.

   ⇨ _____ 。

3. 좋아하는 걸 먹는 건 둘째치고 먹기 싫어하는 것 또한 먹어야 합니다.

   ⇨ _____ 。

4. 이 소식은 나뿐만 아니라 아버지도 흥분하게 만들었습니다.

   ⇨ _____ 。

5. 그가 하는 말은 우리만 못 알아 듣는 게 아니라 그의 아빠 엄마도 알아 듣지 못합니다.

   ⇨ _____ 。

4 除了 + P + (以外) + 还 + Q

1. 나는 오늘 중국어 수업 이외에 영어 수업도 있습니다.

   ⇨ _____ 。

2. 저는 수요일 외에 다른 날은 다 바쁩니다.

   ⇨ _____ 。

3. 그를 제외하고 누구도 샤오장을 좋아하지 않습니다.

   ⇨ _____ 。

4. 중국은 다민족 국가입니다. 한족 이외에도 55개의 소수민족이 있습니다.

   ⇨ _____ 。

5. 뉴스 프로를 시청하는 것을 제외하면 그는 거의 텔레비전을 보지 않습니다.

   ⇨ _____ 。

5 虽然 + P + 但是/不过 + Q

1. 그는 비록 일이 무척 바쁘기는 하지만, 매일 몸을 단련하러 꾸준히 공원에 갑니다.

   ⇨ _____ 。

2. 비록 이번 성적은 그다지 좋지 않지만, 엄마는 나를 나무라지 않았습니다.

   ⇨ _____ 。

3. 여동생은 비록 10살에 불과하지만, 벌써 철이 많이 들었습니다.

   ⇨ _____ 。

4. 비록 나는 음치이기는 하지만 음악은 좋아합니다.

   ⇨ _____ 。

5. 이 스웨터는 비록 예쁘기는 하지만 너무 비쌉니다.

   ⇨ _____ 。

6 哪怕 + P + 也 + Q

1. 그가 안 먹고 안 잔다고 해도, 이렇게 많은 일을 완성할 수는 없다.

   ⇨ _____ 。

2. 오늘 저녁에 설령 세 시간밖에 안 자는 한이 있어도 나는 숙제를 마칠 것입니다.

   ⇨ _____ 。

3. 설령 내일 바람 불고 비가 오더라도 나는 등교할 거야.

   ⇨ _____ 。

4. 비록 단 한 사람이 반대를 하더라도 이 방안은 통과할 수 없습니다.

   ⇨ _____ 。

7 即使 + P + 也 + Q

1. 설령 하늘이 무너진다고 해도 나는 두렵지 않습니다.

   ⇨ _____ 。

2. 일이 아무리 바쁘더라도 몸을 단련하러 가야 합니다.

   ⇨ _____ 。

3. 그가 당신의 주소를 모른다 해도 당신을 찾을 수 있습니다.

   ⇨ _____ 。

4. 산이 제아무리 높더라도 나는 산 정상에 오를 것입니다.

   ⇨ _____ 。

5. 비록 그렇다고 해도 어려움에 봉착할 때가 있습니다.

   ⇨ _____ 。

8 尽管 + P + 还是 + Q

1. 그는 나이가 많지 않음에도 불구하고, 그래도 철이 들었습니다.

   ⇨ _____ 。

2. 그는 몸이 좋지 않음에도 불구하고 여전히 일하기를 고집합니다.

   ⇨ _____ 。

3. 그가 나를 좋지 않게 대함에도 불구하고 나는 여전히 그를 좋아합니다.

   ⇨ _____ 。

4. 집에 돈이 없음에도 불구하고 그는 여전히 미국 유학 가기를 고집합니다.

   ⇨ _____ 。

5. 아빠는 바쁨에도 불구하고 일요일이면 여전히 나와 놀아줍니다.

   ⇨ _____ 。

⑨ P + 只是 + Q

1. 중국어는 재미있기는 한데, 다만 성조가 좀 어려울 뿐입니다.

   ⇨ _____ 。

2. 나 역시 거기에 무척 놀러 가고 싶기는 한데, 다만 오늘 짬이 없어요.

   ⇨ _____ 。

3. 이 옷은 예쁘기는 한데, 다만 너무 비싼 게 흠입니다.

   ⇨ _____ 。

4. 이 집은 꽤 괜찮기는 한데, 다만 회사에서 너무 멀다는 게 흠입니다.

   ⇨ _____ 。

5. 오늘 날씨가 좋기는 한데, 다만 바람이 좀 있는 게 흠입니다.

   ⇨ _____ 。

10 如果 + P + (的话) + (就) + Q

1. 만약 햇빛과 물이 없다면, 모든 생물은 생존할 수 없습니다.
   ⇨ _____。

2. 만약 시간이 있으면 당신을 만나러 가겠습니다.
   ⇨ _____。

3. 만약 이번 시험에 불합격한다면, 졸업하는 데 문제가 생길 겁니다.
   ⇨ _____。

4. 만약 당신이 이 요리가 맛없다고 느껴진다면 저에게 말씀하세요.
   ⇨ _____。

5. 만약 그날 비가 온다면 나는 가지 않기로 했습니다.
   ⇨ _____。

6. 만약 그가 말하지 않으면 네가 그에게 묻지 마라.
   ⇨ _____。

11 幸亏 + P + 才 + Q

1. 다행히 우산을 가지고 있어서 비에 젖지 않았습니다.
   ⇨ _____。

2. 다행히 네가 사전에 나에게 알려 주어서 헛걸음하지 않았어.
   ⇨ _____。

3. 다행히 네가 나를 환기시켜 주어서 나는 지각하지 않았어.
   ⇨ _____。

4. 다행히 운전기사가 제때에 차를 세워서 그 노인을 치지 않았습니다.
   ⇨ _____。

5. 다행히 당신이 왔기 때문에 내가 길을 잃지 않았어요.

   ⇨ _____ 。

6. 다행히 아래가 모래땅이어서 아이가 다치지 않았습니다.

   ⇨ _____ 。

7. 다행히 그가 왔기 때문에 기회를 놓치지 않았습니다.

   ⇨ _____ 。

12 P + 不然 + Q

1. 등산 갈 때는 운동화를 신어야 합니다. 그렇지 않으면 발이 아플 겁니다.

   ⇨ _____ 。

2. 너 빨리 내 책을 나에게 돌려줘. 그렇지 않으면 나는 복습할 방법이 없어.

   ⇨ _____ 。

3. 앞으로 단 것을 먹지 마라. 그렇지 않으면 다시 치과에 가야 할 거야.

   ⇨ _____ 。

4. 앞으로 술을 마시지 마라. 그렇지 않으면 엄마가 다시 용서하지 않을 거야.

   ⇨ _____ 。

5. 베란다의 꽃에 자주 물을 줘야 합니다. 그렇지 않으면 말라 죽을 겁니다.

   ⇨ _____ 。

6. 오토바이를 탈 때는 헬멧을 써야 합니다. 그렇지 않으면 위험합니다.

   ⇨ _____ 。

7. 틀림없이 기차가 연착했을 겁니다. 그렇지 않다면 그가 지금 당연히 도착했을 테니까요.

   ⇨ _____ 。

13. 为了 + P + (就) + Q

1. 결혼하기 위해 그는 벌써부터 돈을 모으기 시작했습니다.

   ⇨ _____。

2. 돈을 조금 더 많이 벌기 위해서 아빠는 여러 가지 일을 했습니다.

   ⇨ _____。

3. 영어를 마스터하기 위해 그는 오늘 저녁부터 영어 뉴스를 한 시간씩 듣기 시작하려고 합니다.

   ⇨ _____。

4. 반장으로 뽑히기 위해서 그는 평소에 급우들에게 무척 잘 합니다.

   ⇨ _____。

5. 돈을 아끼기 위해 그는 저녁밥조차 먹지 않습니다.

   ⇨ _____。

14. 为了 + P + 才 + Q + (的)

1. 그는 아이의 생명을 구하기 위해서 이렇게 심한 부상을 입은 것입니다.

   ⇨ _____。

2. 일 때문에 내가 당신에게 부탁하러 온 겁니다.

   ⇨ _____。

3. 그녀는 돈 때문에 나에게 접근한 것입니다.

   ⇨ _____。

15 P + 是为了 + Q

1. 엄마가 비닐봉투를 거의 사용하지 않는 것은 환경을 보호하기 위해서입니다.

   ⇨ _____ 。

2. 그들이 이사를 가려는 것은 아이가 학교 다니기 편하게 하기 위해서입니다.

   ⇨ _____ 。

3. 언니가 저녁밥을 먹지 않는 것은 살을 빼기 위해서입니다.

   ⇨ _____ 。

4. 그가 돈을 모으는 것은 결혼하기 위해서입니다.

   ⇨ _____ 。

5. 그가 저녁밥을 먹지 않는 것은 돈을 아끼기 위해서입니다.

   ⇨ _____ 。

16 P + 以便 + Q

1. 복습의 편의를 위해 수업할 때 필기를 잘 해라.

   ⇨ _____ 。

2. 모르는 단어를 찾아 보기 수월하도록 너희들은 사전을 한 권 준비해야 한다.

   ⇨ _____ 。

3. 공기가 통하기 쉽게 엄마는 나에게 창문을 열라고 시키신다.

   ⇨ _____ 。

4. 중국인과 중국어로 잡담을 나누는 데 편리하려고 나는 중국어를 공부합니다.

   ⇨ _____ 。

⓱ P + 以免 + Q

1. 내일 잊지 않도록 이것을 적어 놓으세요.

   ⇨ _____ 。

2. 상처에 염증이 생기지 않도록 얼른 소독해요.

   ⇨ _____ 。

3. 불의의 사고가 발생하지 않도록 여름철에는 정기적으로 차량을 점검해야 합니다.

   ⇨ _____ 。

4. 내일 일찍 일어나야 하니 늦잠 자는 일이 없도록 가능하면 알람을 맞추어라.

   ⇨ _____ 。

⓲ 只要 + P + 就/便 + Q

1. 내 여동생은 돈만 있으면 은행에 저축하러 갑니다.

   ⇨ _____ 。

2. 시간만 있으면 그녀는 엄마를 도와 집안일을 합니다.

   ⇨ _____ 。

3. 그녀는 돈만 있으면 옷을 사러 백화점에 갑니다.

   ⇨ _____ 。

4. 당신이 만족하기만 한다면 저는 안심입니다.

   ⇨ _____ 。

5. 아빠가 찬성하기만 하면 나는 중국에 유학 갈 수 있습니다.

   ⇨ _____ 。

6. 비가 일단 그치기만 하면 우리는 금방 출발할 겁니다.

   ⇨ _____ 。

19 只有 + P + 才 + (能) + Q

1. 그 곳은 배를 타야만 갈 수 있습니다.

   ⇨ _____ 。

2. 나만이 그 사람을 압니다.

   ⇨ _____ 。

3. 이런 옷은 결혼식에 참석할 때만 입을 기회가 있습니다.

   ⇨ _____ 。

4. 자신만이 자기 미래의 방향을 결정할 수 있습니다.

   ⇨ _____ 。

5. 이런 방법을 사용해야만 이런 병을 치료할 수 있습니다.

   ⇨ _____ 。

6. 열심히 공부해야만 좋은 대학에 합격할 수 있습니다.

   ⇨ _____ 。

7. 지하철을 타야지만 지각하지 않을 겁니다.

   ⇨ _____ 。

20 不管 + P + 都/也 + Q

1. 이 병은 내가 아무리 힘을 써도 열리질 않습니다.

   ⇨ _____ 。

2. 몇 번을 실패하든 상관없이 우리는 포기하지 않을 것입니다.

   ⇨ _____ 。

3. 당신이 어디를 가고 싶어하든 저는 당신을 모시고 갈 수 있습니다.

   ⇨ _____ 。

4. 영화를 보러 가든 아니면 거리를 구경하러 가든 나는 다 괜찮습니다.

   ⇨ _____ 。

5. 그가 좋은 사람이든 나쁜 사람이든 그의 부모는 여전히 그를 사랑할 것입니다.

   ⇨ _____ 。

6. 이번 주가 되었든 다음 주가 되었든 상관없이 나는 다 시간이 없습니다.

   ⇨ _____ 。

7. 당신이 원하든 원하지 않든 간에 내일 당신은 와야 합니다.

   ⇨ _____ 。

8. 그녀는 바쁘든 바쁘지 않든 상관없이 올 것입니다.

   ⇨ _____ 。

필자가 〈스마트 중국어 작문〉 제2권에서 인용한 중국 소설과 에세이의 전체 목록은 다음과 같습니다. 배열은 작가 이름의 병음 순서에 따랐습니다

管谟贤2013, 《大哥说莫言》, 山东人民出版社
贾平凹2012, 《高兴》, 漓江出版社
姜戎2005, 《狼图腾》, 长江文艺出版社
刘恒1999, 《贫嘴张大民的幸福生活》, 华艺出版社
三毛2003, 〈忠孝西路〉《我的快乐天堂》, 哈尔滨出版社
_____, 〈我的快乐天堂〉《我的快乐天堂》, 哈尔滨出版社
_____, 〈永恒的母亲〉《我的快乐天堂》, 哈尔滨出版社
_____, 〈得奖的心情〉《我的快乐天堂》, 哈尔滨出版社
_____, 〈他没有交白卷〉《我的快乐天堂》, 哈尔滨出版社
_____, 〈最快乐的教室〉《我的快乐天堂》, 哈尔滨出版社
_____, 〈钱不钱没关系〉《我的快乐天堂》, 哈尔滨出版社
阎连科2005, 《为人民服务》, 麦田出版社
余华2013, 《第七天》, 新星出版社
____2005, 《兄弟》, 上海文艺出版社
____2004, 《许三观卖血记》, 上海文艺出版社
____2004, 〈文学和民族〉《没有一条道路是重复的》, 上海文艺出版社
_____, 〈网络与文学〉《没有一条道路是重复的》, 上海文艺出版社
____2000, 〈字与音〉《高潮》, 华艺出版社
_____, 〈音乐的叙述〉《高潮》, 华艺出版社
_____, 〈重读柴科夫斯基〉《高潮》, 华艺出版社
_____, 〈消失的意义〉《高潮》, 华艺出版社
张爱玲2012, 〈色·戒〉《张爱玲全集03: 怨女》, 北京十月文艺出版社
张笑恒2008, 《非走不可的弯路》, 内蒙古大学出版社
周而复2005, 《上海的早晨》, 人民文学出版社

중국어뱅크

스마트 중국어 작문 ②

연습문제 정답 및 해석

동양북스

중국어뱅크

스마트 중국어 작문 ❷

연습문제 정답 및 해석

동양북스

연습문제 정답 및 해석

연습문제 정답

课文 01   p.13

01
1. 苹果越红越好吃。
   사과는 빨갈수록 더 맛있습니다.
2. 妈妈越生气越不说话。
   엄마는 화가 나면 날수록 말을 더 하지 않습니다.
3. 篮球选手个子越高越好。
   농구선수는 키가 크면 클수록 더 좋습니다.
4. 她长得越来越漂亮了。
   그녀는 자라면서 점점 더 예뻐지고 있습니다.
5. 吃了医生给的药，妈妈的身体越来越好了。
   의사가 준 약을 먹고, 어머니의 몸은 점점 좋아졌습니다.
6. 那个东西再好看，你也别买。
   그 물건이 아무리 예쁘더라도 너는 사지 마라.
7. 那本小说再长，我也会看完的。
   그 소설이 아무리 길어도 나는 끝까지 다 볼 겁니다.
8. 那条牛仔裤颜色不深不浅，正合适。
   그 청바지는 색이 진하지도 옅지도 않아서 딱 적당합니다.
9. 妈妈给的米饭不多不少，正合适。
   엄마가 준 쌀밥은 많지도 적지도 않고 딱 적당합니다.
10. 她衣服不漂亮不穿。
    그녀는 옷이 예쁘지 않으면 안 입습니다.
11. 她不辣不吃。
    그녀는 맵지 않으면 안 먹습니다.
12. 你不想吃也要吃。
    너는 먹기 싫어도 먹어야 해.
13. 你不想见他也要见。
    너는 그를 만나기 싫어도 만나야 해.
14. 你不想学汉语也要学。
    너는 중국어를 배우기 싫어도 배워야 해.
15. 他不想去中国也要去。
    그는 중국에 가기 싫어도 가야 한다.
16. 你不吃我也不吃。
    네가 안 먹으면 나도 안 먹을 거야.
17. 他不喝我也不喝。
    그가 안 마시면 나도 안 마실 겁니다.
18. 你不高兴，我也不高兴。
    네가 기분 나쁘면 나도 기분이 나빠.
19. 我非一起去不可。
    내가 반드시 함께 가야겠습니다.
20. 我家一到十点非睡不可。
    우리 집은 10시가 되면 반드시 자야 합니다.

02
1. 기분이 아무리 나쁘더라도 당신은 웃어야 합니다.
   再不高兴，你也要笑。
2. 고추는 작으면 작을수록 더 맵습니다.
   辣椒越小越辣。
3. 10시까지 나는 집에 돌아가지 않으면 안 됩니다.
   到十点我非回家不可。
4. 매일 운동을 하고부터 아빠는 점점 더 젊어지고 있습니다.
   自从每天锻炼身体以后，爸爸越来越年轻了。
5. 아무리 아파도 당신은 견뎌야 합니다.
   再疼，你也要忍着。
6. 그 사람은 키가 크지도 작지도 않습니다.
   他个子不高不矮。
7. 아빠 엄마가 나에게 하지 말라고 하면 할수록 나는 더 하고 싶습니다.
   爸爸妈妈越不让我做，我越想做。
8. 내 여동생은 늘 옷을 깨끗하게 빨지 않습니다.
   我妹妹洗衣服总是不干不净的。
9. 나는 중국에 꼭 가야겠습니다.
   我非去中国不可。
10. 내 병은 나도 모르는 사이에 나았습니다.
    我的病不知不觉好了。

03
1. 나는 잠을 잘수록 더 피곤합니다.
   我越睡越困。
2. 그의 물건이 아무리 적어도 내 것보다는 많습니다.

他的东西再少，也比我的多。

3. 그녀는 몸이 마르지도 뚱뚱하지도 않습니다.
她身体不瘦不胖。

4. 올 때까지 기다릴겁니다.
不见不散。

5. 나는 이 샤프를 반드시 사지 않으면 안 됩니다.
我非买这支自动铅笔不可。

6. 그가 자기는 내가 만든 요리를 꼭 먹어야겠다고 합니다.
他说他非吃我做的菜不可。

7. 아빠의 수입은 요즘 점점 더 줄어들고 있습니다.
爸爸的收入最近越来越少了。

8. 다리는 길면 길수록 더 예쁩니다.
腿越长越好看。

04
1. 나는 생각하면 생각할수록 더 화가 납니다.
我越想越生气。

2. 이 소설책은 보면 볼수록 더 재미있습니다.
这本小说越看越有意思。

3. 중국어는 배우면 배울수록 더 어렵습니다.
汉语越学越难。

4. 요즘 물가가 점점 오르고 있습니다.
最近物价越来越高了。

5. 그는 중국어를 배운 뒤로, 아는 한자가 점점 더 많아지고 있습니다.
他自从学了汉语以后，认识的汉字越来越多了。

6. 날이 점점 더 어두워질 테니, 우리 얼른 출발하자.
天会越来越黑的，咱们快点儿出发吧。

7. 나는 이 계란을 꼭 먹어야겠습니다.
我非吃这个鸡蛋不可。

8. 그는 자기는 꼭 중국에 가야겠다고 말합니다.
他说他非去中国不可。

9. 중국어가 아무리 어려워도 나는 중국어를 배울 겁니다.
汉语再难我也要学汉语。

10. 그곳이 아무리 멀어도 나는 가야 합니다.
那儿再远, 我也要去。

11. 그 요리가 아무리 맛있어도 나는 안 먹을 겁니다.
那道菜再好吃，我也不吃。

12. 너는 먹기 싫어도 먹어야 해.
你不想吃也要吃。

13. 너는 그를 보기 싫더라도 봐야 해.
你不想见他也要见。

14. 너는 중국어를 배우기 싫어도 배워야 해.
你不想学汉语也要学。

15. 그는 중국에 가기 싫어도 가야 합니다.
他不想去中国也要去。

16. 그는 커피가 마시기 싫어도 마십니다.
他不想喝咖啡也喝。

17. 그 아이는 자기 싫어도 자러 갑니다.
那个孩子不想睡也去睡。

18. 양치질하기 싫어도 해야 합니다.
不想刷牙也要刷。

19. 세수하기 싫어도 해야 합니다.
不想洗脸也要洗。

20. 그에게 월급을 주고 싶지 않지만 줘야 합니다.
不想给他工资也要给。

21. 그에게 E-mail을 보내고 싶지 않지만 보내야 합니다.
不想给他发伊妹儿也要发。

22. 그가 허락하지 않으면 저도 방법이 없습니다.
他不答应，我也没方法。

23. 그가 오지 않으면 저도 방법이 없습니다.
他不来，我也没办法。

24. 그가 마시지 않으면 저도 방법이 없습니다.
他不喝，我也没办法。

25. 그녀가 입은 치마는 짧지도 길지도 않습니다.
她穿的裙子不长(也)不短。

26. 그녀는 치마가 아니면 입지 않습니다.
她不是裙子(就)不穿。

27. 그가 저를 기다리지 않으면 저도 그를 기다리지 않을 겁니다.
他不等我，我也不等他。

28. 그녀는 맵지 않으면 안 먹습니다.
她不辣(就)不吃。

연습문제 정답

29. 그는 소고기가 아니면 안 먹습니다.
    他不是牛肉(就)不吃。
30. 신발은 신어보지 않으면 맞는지 안 맞는지 모릅니다.
    鞋不穿不知道合适不合适。
31. 그는 나를 상대도 하지 않아, 나를 무척 화나게 합니다.
    他对我不理不睬的，很让我生气。
32. 그는 아무런 소리도 없이 교실로 들어왔습니다.
    他不声不响地进教室来了。
33. 그는 일 처리가 언제나 침착합니다.
    他做事总是不慌不忙的。
34. 그는 말을 애매모호하게 해서, 나는 그의 뜻을 모르겠습니다.
    他说得不明不白的，我不知道他的意思。

☑ 课文 02   p.28

01
1. 처음에 우리 두 사람은 단지 친구 사이에 불과했지만, 나중에 연인이 되었습니다.
   起初我们两个人只不过是个朋友，后来成恋人了。
2. 우리 집은 아빠가 식사를 다 해야만, 우리들이 비로소 이어서 먹을 수 있습니다.
   我家等爸爸吃完了饭，我们才能接着吃。
3. 나와 친구들은 방학하자마자 바로 베이징으로 놀러 갈 생각입니다.
   我和朋友们打算一放假，就去北京玩儿。
4. 그녀의 남편은 집에 돌아오자마자 바로 밥을 먹어야 합니다.
   她丈夫一回到家，就要吃饭。
5. 그가 말을 다 하면, 네가 이어서 말하도록 해라.
   等他说完了，你接着说吧。
6. 언니가 피아노를 반 시간 친 뒤에 내가 또 이어서 피아노를 반 시간 쳤습니다.
   姐姐弹了半个小时钢琴以后，我又接着弹了半个小时钢琴。
7. 내가 오자마자 그는 바로 가버렸습니다.
   我一来，他就走了。
8. 샤오왕은 해외로 유학을 갔습니다. 처음에 우리들은 그래도 연락이 있었지만, 나중에는 차츰 차츰 소식이 없어졌습니다.
   小王出国留学了，起初我们还有联络，后来就渐渐没有消息了。
9. 처음에 나는 매일 제때에 꽃에 물을 주었지만, 나중에는 귀찮아서 그만두었습니다.
   起初我每天按时浇花，后来因为懒惰就停止了。
10. 처음에 나는 그 검은 치마가 마음에 들었지만, 나중에 입어보자마자 너무 짧은 것 같아서 사지 않았습니다.
    起初我看上了那条黑裙子，后来一试穿觉得太短了就没买。

02
1. 너는 수학 숙제를 다한 다음에 이어서 방 청소도 해야 한다.
   你做完数学作业以后，接着还要打扫房间。
2. 그는 고기만두를 열 개 먹은 다음에, 이어서 콜라 두 캔까지 마셨습니다.
   他吃完十个肉包子以后，接着还喝了两听可乐。
3. 내가 그 사람의 이름을 말하자마자 그녀의 얼굴이 바로 빨개졌습니다.
   我一说出他的名字，她的脸就红了。
4. 그녀들은 백화점에 도착하자마자 바로 화장실로 갔습니다.
   她们一到百货商场，就去洗手间了。
5. 처음에 나는 중국어가 어렵다고 느꼈지만, 나중에는 재미있다고 느꼈습니다.
   起初我觉得汉语很难，后来就觉得很有意思。
6. 처음에 우리는 영화를 보고 나서 저녁밥을 먹으려고 생각했으나, 나중에 저녁밥을 다

먹고 영화를 보기로 결정했습니다.
起初我们想看完电影再吃晚饭，后来就决定吃完晚饭再看电影了。

7. 너는 먼저 숙제를 다 마치고 밥을 먹거라.
你先做完作业，再吃饭吧。

8. 그는 매번 먼저 물을 한 잔 마시고 밥을 먹습니다.
他每次都要先喝一杯水，再吃饭。

9. 우리가 먼저 다 보고 너희들이 봐라.
我们先看完了，你们再看吧。

10. 처음에 나는 서울에 살았지만, 나중에 부산으로 이사했습니다.
起初我住在首尔，后来搬到釜山了。

03
1. 이런 종류의 과일은 먼저 껍질을 벗긴 다음에 먹어야 합니다.
这种水果要先剥皮，然后再吃。

2. 수영하기 전에 먼저 준비 운동(워밍업)을 마친 다음에야 비로소 물에 들어갈 수 있습니다.
游泳之前，要先做好热身运动，然后才能下水。

3. 한국에서는 집에 들어갈 때 먼저 신발을 벗고 나서 안으로 들어갈 수 있습니다.
在韩国，进屋的时候，要先脱鞋，然后才能进去。

4. 당신들은 먼저 품질을 보증해야만 하고, 그런 다음에 수량도 보증해야 합니다.
你们必须先保证质量，然后还要保证数量。

5. 외국어를 마스터하려고 생각한다면, 먼저 확실한 목표가 있어야 하고, 그런 다음에 학습 방법도 습득해야 합니다.
想要学好外语，应该先有明确的目标，然后还要掌握好学习的方法。

6. 먼저 상황을 이해하고 그 다음에 결정을 내려야 합니다.
首先要了解情况，然后再作出决定。

7. 우리는 먼저 기초 과목을 제대로 배운 다음에 전공을 공부해야 한다.
我们首先应当学好基础课，然后再学习专业。/首先，我们应当学好基础课，然后再学习专业。

8. 먼저 세제로 깨끗이 씻은 다음 표백제를 사용하면, 셔츠가 더욱 하얗게 됩니다.
首先用洗衣粉洗干净，然后再用漂白粉，衬衫就更白了。

9. 먼저 교장 선생님께 말씀을 부탁드리고 그 다음에 선생님께서 발언해 주십시오.
首先请校长讲话，然后再请老师发言。

10. 먼저 화학검사실로 가서 피검사를 받은 다음에 엑스레이실로 가세요.
首先请到化验室验血，然后再到X光室。

04
1. 내가 담배를 피우자마자 그녀가 기침을 합니다.
我一抽烟，她就咳嗽。

2. 그녀는 먹자마자 토합니다.
她一吃，就吐。

3. 그는 입만 열면 배고프다고 합니다.
他一开口，就说饿了。

4. 너는 도착하자마자 바로 나에게 전화해라.
你一到，就给我打电话吧。

5. 그녀는 상점에 가서 예쁜 옷만 보면 사고 싶어합니다.
她去商店一看到漂亮的衣服，就想买。

6. 나와 그는 만나자마자 바로 친한 친구가 되었습니다.
我和他一见面，就成好朋友了。

7. 우리는 수업을 마치자마자 바로 수영하러 갔습니다.
我们一下课，就去游泳了。

8. 여름이 되자마자 모두 해변으로 수영하러 갑니다.
一到夏天，大家就去海边游泳。

9. 그녀는 차만 타면 멀미를 합니다.
她一坐车，就晕车。

10. 우리 언니는 대학을 졸업하자마자 결혼했습니다.
我姐姐大学一毕业，就结婚了。

11. 그녀는 옷을 다 차려입은 다음에 이어서 남

연습문제 정답

자친구에게 전화를 걸었습니다.
她穿好衣服以后，接着就给男朋友打电话了。

12. 너는 오늘 오후에 피아노를 다 친 다음에 이어서 바이올린도 켜야 한다.
你今天下午弹完钢琴以后，接着还要拉小提琴。

13. 네가 이어서 이 (새로 나온) 단어들을 읽도록 해라.
你来接着读这些生词。

14. 처음에 그는 돌아오겠다고 했지만, 나중에 또 사정이 생겨 돌아올 수 없게 되었다고 말했습니다.
起初他说要回来，后来又说有事儿回不来了。

15. 처음에 그들은 친한 친구였으나, 나중에 원수가 되었습니다.
起初他们是个好朋友，后来成仇人了。

16. 처음에 저는 베이징 오리구이를 주문해서 먹을 작정이었지만, 나중에 친구가 너무 느끼하다고 말해서 주문하지 않았습니다.
起初我打算点北京烤鸭吃，后来朋友说太油腻了，我就没有点。

17. 그는 매번 먼저 손을 씻고 밥을 먹습니다.
他每次都先洗手，再吃饭。

18. 우리 먼저 차를 한 잔 마시고 밥을 먹읍시다.
我们先喝杯茶，再吃饭吧。

19. 우리가 먼저 다 하고 그들에게 하라고 합시다.
我们先做完了，再让他们做吧。

20. 딸 아이는 매일 먼저 양치를 하고 잠을 자러 갑니다.
女儿每天都先刷牙，再去睡觉。

✓ 课文 03   p.42

01 1. 이런 종류의 식품은 영양도 있는 데다가 열량도 높지 않습니다.

这种食品既有营养，热量又不大。

2. 아빠는 식사를 하시면서 무엇인가를 생각하고 있습니다.
爸爸一边吃饭，一边在想什么。

3. 그녀는 중국어를 못하는 데다가 영어도 못합니다.
她既不会汉语，又不会英语。

4. 선생님은 우리에게 수업하면서 필기하는 습관을 기르라고 요구합니다.
老师要求我们养成一边上课，一边做笔记的习惯。

5. 사람들이 너를 비판하는 것이 아니라, 네가 정말로 일을 잘하지 못하는 거야.
不是大家批评你，而是你真的做得不好。

6. 중국 동북 지역에서 생산된 쌀은 품질도 좋을뿐더러 생산량도 많습니다.
中国东北地区出产的大米质量既好，产量又多。

7. 엄마는 허리가 아플 때도 있고 다리가 아플 때도 있어서, 길을 걸으려고 하면 무척 힘듭니다.
妈妈有时腰疼，有时腿疼，走起路来很困难。

8. 내가 너를 믿지 않는 것이 아니라, 네가 거짓말을 너무 많이 해서 너를 감히 믿을 엄두가 나지 않는 것이다.
不是我不相信你，而是你说谎说得太多了，让我不敢相信你。

9. 변호사라면 당연히 법률에 정통해야 하는 것은 물론이고 정의감도 있어야 합니다.
作为一个律师既应该精通法律，又应该有正义感。

10. 이 자동차는 너무 낡아서 엔진이 걸리지 않을 때도 있고, 길에서 엔진이 꺼질 때도 있습니다.
这辆汽车太老了，有时发动机不起动，有时在路上熄火。

02 1. 올해 여기로 여행하러 온 사람은 감소한 것이 아니라 증가했습니다.

1. 今年来这里旅游的人不是减少了，而是增加了。
2. 찻잎은 차를 우려낼 수도 있고, 베개를 만들 수도 있습니다.
   茶叶也可以泡茶，也可以做成枕头。
3. 그는 아침에도 공부하고 저녁에도 공부하더니, 마침내 좋은 대학에 합격했습니다.
   他早上也读，晚上也读，终于考上了一所好大学。
4. 그는 째째한 것이 아니라 정말로 돈이 없습니다.
   他不是小气，而是真的没有钱。
5. 꿀벌은 무척 부지런해서 아침에도 일을 하고 저녁에도 일을 합니다.
   蜜蜂很勤劳，早上也做工，晚上也做工。
6. 한 시간이라는 짧은 시간 동안, 나는 방도 다 정리했고 숙제도 다 했습니다.
   在短短的一个小时内，我把房间也整理好了，作业也写完了。
7. 올해 설날에 그들은 집이 아니라 호텔에서 보냈습니다.
   今年春节他们不是在家里而是在饭店过的。
8. 이 이야기는 엄마도 제게 이야기해 준 적이 있고, 선생님도 제게 이야기해 준 적이 있습니다.
   这个故事，妈妈也给我讲过，老师也给我讲过。
9. 그는 오늘 오지 않는 게 아니라, 좀 늦게 올 겁니다.
   他今天不是不来，而是会来得晚一点儿。
10. 잠을 한숨 자고 나니, 정신도 점점 더 맑아지고 일하는 데도 기운이 점점 더 납니다.
    睡了一觉以后，精神也越来越好了，工作也越来越起劲了。

03
1. 이 패스트푸드점은 깨끗한 데다 종업원의 서비스도 좋아서 저는 자주 옵니다.
   这家快餐店既干净，服务员的态度又好，所以我常来。
2. 그가 손을 흔들면서 나를 향해 달려왔습니다.
   他一边挥着手，一边向我跑来了。
3. 이런 병에 걸리면 술은 물론 못 마시는 데다, 담배도 피워서는 안 되기 때문에 정말 힘듭니다.
   得了这种病既不能喝酒，又不能抽烟，真不好受。
4. 그들은 전시품을 감상하면서 토론합니다.
   他们一边欣赏展览品，一边讨论。
5. 나는 점심 때 도시락을 가져올 때도 있고, 바깥에 가서 먹을 때도 있습니다.
   我中午有时带盒饭，有时去外面吃。
6. 할아버지는 매일 공원에서 산책하시면서 쓰레기를 주우십니다.
   爷爷每天都在公园一边散步，一边捡垃圾。
7. 그녀는 사람을 대할 때, 때로는 냉담하고, 때로는 친절합니다. 정말 그녀의 성격은 갈피를 잡을 수가 없어요.
   她对人有时冷淡，有时热情，真让人摸不透她的脾气。
8. 방과 후에 나는 도서관에 갈 때도 있고, 친구들과 카페에 가서 잡담을 나눌 때도 있습니다.
   放学后，我有时去图书馆，有时和朋友们去咖啡厅聊天。

04
1. 나는 비 오는 걸 좋아하지 않습니다. 왜냐하면 비가 오면 불편하기도 하고, 감기에 걸리기도 쉽기 때문입니다.
   我不喜欢下雨。因为下雨不方便，也容易感冒。
2. 나는 서울이 아름답기도 하고 재미있기도 하다고 느낍니다.
   我觉得首尔很漂亮，也很有意思。
3. 이 식당의 요리는 맛있지만, 비싸기도 합니다.
   这家饭馆儿的菜很好吃，但(是)也很贵。
4. 그 카페의 커피는 비싸지만, 맛있기도 합니다.
   那家咖啡厅的咖啡很贵，但(是)也很好喝。
5. 그는 화가 났지만, 슬프기도 했습니다.
   他很生气，但(是)也很难过。

9

연습문제 정답

6. 이 책은 나도 본 적이 있고, 내 여동생도 본 적이 있습니다.
   这本书我(也)看过，我妹妹也看过。
7. 그도 이 학교의 학생이고, 나도 이 학교의 학생입니다.
   他也是这所学校的学生，我也是这所学校的学生。
8. 내 남자친구도 스케이트를 탈 줄 모르고, 나 역시도 스케이트를 탈 줄 모릅니다.
   我男朋友也不会滑冰，我也不会滑冰。
9. 나도 먹고 싶어하고 오빠도 먹고 싶어합니다.
   我也想吃，哥哥也想吃。
10. 내가 아니라 왕 선생님이 아침밥을 먹지 않았습니다.
    不是我，而是王老师没吃早饭。
11. 당신은 말을 너무 느리게 하는 것이 아니라 너무 빨리 합니다.
    你说得不是太慢了，而是太快了。
12. 이것은 물이 아니라 술입니다.
    这不是水，而是酒。
13. 그는 의사가 아니라 환자입니다.
    他不是医生，而是病人。
14. 그가 일본에 가는 것은 친구를 만나기 위해서가 아니라, 일을 찾기 위해서입니다.
    他去日本不是看朋友，而是找工作。
15. 이번 시합에 참가하는 사람은 제가 아니라 당신입니다.
    参加这次比赛的不是我，而是你。
16. 내가 뚱뚱해진 게 아니라, 이 스웨터가 작아진 것입니다.
    不是我胖了，而是这件毛衣小了。
17. 내가 이렇게 하는 것은 나 자신을 위해서가 아니라 온 집안을 위해서입니다.
    我这样做，不是为了我自己，而是为了全家。
18. 우리가 당신을 돕지 않는 것이 아니라, 당신을 도울 수가 없습니다.
    不是我们不帮你，而是帮不了。
19. 이번 시험에서 그녀의 성적은 좋지 않은 것이 아니라, (오히려) 정말 좋습니다.
    这次考试她的成绩不是不好，而是非常好。
20. 그가 산 것은 이 책이 아니라 저 책입니다.
    他买的不是这本书，而是那本。
21. 그녀는 일하면서 공부합니다.
    她一边工作，一边学习。
22. 나는 빨래를 하면서 라디오를 듣습니다.
    我一边洗衣服，一边听收音机。
23. 엄마는 밥을 하고, 나는 엄마에게 좀 전의 일을 이야기하고 있습니다.
    妈妈一边做饭，我一边给她讲刚才的事情。
24. 선생님은 수업을 하고, 학생들은 필기를 하고 있습니다.
    老师一边讲课，学生们一边做笔记。
25. 형은 컴퓨터를 하고 있고, 남동생은 옆에서 울면서 엄마에게 "형이 컴퓨터를 못 하게 해."라고 이야기하고 있다.
    哥哥一边玩电脑，弟弟一边在旁边哭着对妈妈说："哥哥不让我玩电脑。"
26. 운전하면서 휴대전화를 (사용)하면 교통사고가 나기 쉽습니다.
    一边开车，一边打手机，容易发生交通事故。
27. 그들 두 사람은 자주 술을 마시면서 일 이야기를 나눕니다.
    他们两个人经常一边喝酒，一边谈工作。
28. 나는 주말에 남자친구와 영화를 보러 갈 때도 있고, 혼자 집에서 쉴 때도 있습니다.
    我周末有时和男朋友去看电影，有时一个人在家里休息。
29. 그는 편한 복장으로 출근할 때도 있고, 양복을 입고 출근할 때도 있습니다.
    他有时穿便服上班，有时穿西服上班。
30. 내 남자친구는 회사에 들어간 뒤로 자주 출장을 가는데, 중국에 갈 때도 있고 일본에 갈 때도 있습니다.
    我男朋友进了公司以后，常去出差，有时去中国，有时去日本。

课文 04 p.56

01
1. 자신이 좀 손해를 볼지언정, 다른 사람에게 폐를 끼치는 일을 해서는 안 된다.
   宁可自己吃点儿亏，也不要做出损害别人利益的事情。
2. 그가 너무 빨리 걸어서, 내가 그를 쫓아가는 것은 걷고 있다고 말하기보다는 뛰고 있다고 말하는 게 더 어울립니다.
   他走得太快，我跟着他，与其说是走，还不如说是跑。
3. 이번 여름방학에 엄마는 나에게 영어학원에 다니든가, 아니면 중국어학원에 다니든가 양자택일을 하라고 합니다.
   这个暑假妈妈叫我或者上英语补习班，或者上汉语补习班，两者选择一样。
4. 여름에 남방으로 여행을 갈 바에야, 동북으로 가는 편이 낫습니다.
   你夏天与其去南方旅游，不如去东北。
5. 샤오왕의 생일은 1월 말이 아니면 2월 초입니다.
   小王的生日不是一月底，就是二月初。
6. 비린내를 없애는 데는 생강을 써도 되고 식초를 써도 되는데, 모두 같은 효과를 낼 수 있습니다.
   去腥味，或者用姜，或者用醋，都可以达到同样的效果。
7. 커닝하려고 온갖 방법을 생각할 바에야 차라리 시험을 열심히 준비하는 편이 더 낫습니다.
   与其想尽办法去作弊，还不如好好准备考试。
8. 남동생은 그저께 꽃병을 깨뜨렸습니다. 겁이 나서였는지 잊어버려서였는지는 모르지만, 아직까지도 엄마에게 말하지 않았습니다.
   弟弟前天打碎了花瓶，也许是害怕，也许是忘了，到现在还没跟妈妈说。
9. 어려움이 굉장히 많다고 말하기보다는 자신의 노력이 부족했다고 말하는 편이 더 낫습니다.
   与其说是困难太大，不如说是自己努力不够。
10. 매주 일요일이 되면, 아빠는 낚시하러 가거나 골프를 치러 가십니다.
    到了每个星期日，爸爸或者去钓鱼，或者去打高尔夫球。

02
1. 나는 돈을 좀 많이 쓰더라도 좀 더 좋은 것으로 사려고 합니다.
   我宁可多花一些钱，也要买一个好一点儿的。
2. 매일 다른 사람이 그에게 식사 대접을 하지 않으면 그가 다른 사람에게 식사 대접을 합니다.
   每天不是别人请他吃饭，就是他请别人吃饭。
3. 내가 내일 출발하게 될지 아니면 모레가 될지, 미안하지만 아직 확실하지 않습니다.
   我也许明天出发，也许后天，对不起还没确定。
4. 이런 화려하고 실속은 없는 구두를 살 바에야, 질 좋고 저렴한 운동화를 사는 편이 낫습니다.
   你与其买这种华而不实的皮鞋，不如买双物美价廉的运动鞋。
5. 부모님은 차라리 자신들이 힘들면 힘들었지, 절대로 자식이 고생하기를 바라지 않습니다.
   父母宁可自己辛苦，也不愿让孩子受苦。
6. 그를 지지하는지 나를 지지하는지, 당신은 반드시 분명하게 말해야 합니다.
   或者支持他，或者支持我，你一定要说清楚。
7. 나는 오늘 저녁에 잠을 안 자면 안 잤지, 내일 숙제를 제출하지 못하게 되는 걸 원하지 않습니다.
   我宁可今晚不睡觉，也不愿明天交不了作业。
8. 샤오왕이었는지, 샤오짱이었는지 모르겠지만, 예전에 나에게서 그 책을 빌려간 적이 있습니다.

연습문제 정답

也许是小王，也许是小张，曾经向我借过那本书。

9. 매일 아침마다 할머니는 조깅을 하거나 태극권을 하러 가십니다.
每天早上，奶奶或者去跑步，或者去打太极拳。

10. 나는 매일 한 시간 일찍 집을 나서면 나섰지, 출퇴근 러시아워의 만원 지하철에 시달리고 싶지는 않습니다.
我每天都宁可提前一个小时出门，也不愿意在上下班的高峰时间去挤地铁。

03

1. 버스를 이용하든 지하철을 이용하든 아니면 자전거를 이용하건 간에 모두 학교까지 가기에 편리합니다.
或者坐公共汽车，或者坐地铁，或者骑自行车，都很方便到达学校。

2. 배를 타고 갈지 아니면 비행기를 타고 갈지 당신 스스로 선택하세요.
或者坐船去，或者坐飞机去，你自己选择吧。

3. 요 며칠은 바람이 불지 않으면 비가 오곤 해서 날씨가 아주 엉망입니다.
这几天不是刮风，就是下雨，天气很糟。

4. 그 말은 당신이 한 것이 아니라면 그 사람이 했을 겁니다.
那句话不是你说的，就是他说的。

5. 지하철을 타고 갈지 버스를 타고 갈지는 모르겠지만 내가 내일 당신이 있는 곳으로 가겠습니다.
我明天就去你那儿，也许是坐地铁去，也许是坐公共汽车去。

6. 긴장한 탓일 수도 있고, 준비를 하지 않은 탓일 수도 있지만, 샤오왕은 이번 시험을 잘 보지 못했습니다.
也许是因为紧张，也许是因为没准备，小王这次考试没考好。

7. 그 길은 너에게는 익숙하지 않아서 네가 가는 것보다 내가 가는 편이 낫다.
那条路你不熟，与其你去，不如我去。

8. 날씨가 이렇게 더운데, 거리를 돌아다닐 바에야 집에서 텔레비전을 보는 편이 낫습니다.
天气这么热，与其去逛街，不如在家看电视。

9. 그는 나에게 미스 리와 결혼할 바에야 미스 왕과 결혼하는 편이 낫다고 말한 적이 있습니다.
他对我说过，他与其和李小姐结婚，不如和王小姐结婚。

10. 저는 안 사면 안 샀지, 그의 돈을 쓰고 싶지는 않습니다.
我宁可不买，也不想花他的钱。

04

1. 전화를 하든 문자를 하든 될 수 있는 한 빨리 우리에게 알려주세요.
或者打电话，或者发短信，最好尽快通知我们。

2. 그에게 편지를 쓰거나 전화를 걸어서 그에게 우리들의 감사하는 마음을 표시해야만 합니다.
或者给他写封信，或者给他打个电话，应该向他表示我们的谢意。

3. 엄마든 아빠든 누가 가서 참석해도 다 상관없습니다.
或者是妈妈，或者是爸爸，谁去参加都可以。

4. 당신이 가든 그가 가든 모두 상관 없습니다.
或者你去，或者他去，都没关系。

5. 이번 주 일요일에 스케이트를 타러 갈지 아니면 스키를 타러 갈지 당신이 결정해요.
这个星期天或者去滑冰，或者去滑雪，你决定吧。

6. 중식으로 먹을지 양식으로 먹을지 당신이 결정해요.
或者吃中餐，或者吃西餐，你决定吧。

7. 다음 주 일요일이나 아니면 다다음주 일요일에 우리 차 몰고 바람 좀 쐬러 갑시다.
或者下个星期天，或者下下个星期天，我们开车去兜兜风吧。

8. 계란을 훔쳐 먹은 사람은 남동생 아니면 여

동생입니다.
偷吃鸡蛋的不是弟弟，就是妹妹。

9. 집에 딱 너희 둘뿐이었어. 훔쳐 먹은 사람은 너 아니면 그 사람이야.
家里就你们两个人，偷吃的不是你，就是他。

10. 내가 바쁘지 않으면 그가 바빠서 우리는 계속 서로 만날 시간이 없었습니다.
不是我忙，就是他忙，所以我们一直没有时间见面。

11. 매일 학교를 마치고, 남동생은 텔레비전을 보지 않으면 컴퓨터 게임을 합니다.
每天放学，弟弟不是看电视，就是玩电脑。

12. 저 사람은 미국인이 아니면 영국인입니다.
那个人不是美国人，就是英国人。

13. 오늘 아니면 내일 제가 당신에게 전화 드리도록 하겠습니다.
不是今天就是明天，我会给你打电话。

14. 엄마는 몸이 별로 좋지 않습니다. 여기가 아프지 않으면 저기가 아픕니다.
妈妈身体不太好，不是这儿疼，就是那儿疼。

15. 주말에 그는 집에 있지 않으면 도서관에 있습니다.
周末他不是在家，就是在图书馆。

16. 당신이 말한 그 상점은 여기 있지 않으면 저기 있을 겁니다.
你说的那个商店，不是在这儿，就是在那儿。

17. 이 책은 그녀의 것이 아니면 선생님의 것입니다.
这本书不是她的，就是老师的。

18. 오늘 비가 올지도 모르고 오지 않을지도 모릅니다.
今天也许下雨，也许不下雨。

19. 샤오리는 오늘 수업하러 오지 않았는데, 아마 병이 났을 수도 있고 집안에 일이 있을지도 모릅니다.
小李今天没来上课，也许是生病了，也许是家里有事。

20. 길이 이렇게 먼데, 걸어서 가느니 차를 타고 가는 편이 낫습니다.
路这么远，与其走路去，不如坐车去。

21. 네 동작이 이렇게 느리니, 너보고 가라고 하느니 차라리 내가 직접 가는 게 낫습니다.
你动作这么慢，与其叫你去，还不如我自己去。

22. 아이에게 생일을 해줄 때, 선물을 사 줄 바에야 돈을 좀 주는 편이 더 낫습니다.
孩子过生日的时候，与其给他买礼物，还不如给他点儿钱。

23. 이 시간에 길은 틀림없이 막힙니다. 차를 운전하고 가느니 차라리 지하철을 타고 가는 편이 더 낫습니다.
这个时间路上肯定堵车，与其开车去，还不如坐地铁去。

24. 제가 아이를 좋아하지 않기 때문에, 저는 빨래하고 밥을 할지언정 아이를 돌보기는 싫습니다.
因为我不喜欢小孩，我宁可洗衣服、做饭，也不愿看孩子。

25. 그는 집에서 잠을 잤으면 잤지, 그런 재미없는 영화를 보러 가고 싶어하지는 않습니다.
他宁可在家睡觉，也不想去看那种没有意思的电影。

26. 다른 사람과 약속을 할 때 그는 언제나 일찍 가면 갔지, 지각하는 건 싫어합니다.
跟别人约会的时候，他总是宁可早去，也不愿意迟到。

课文 05

p.70

01 1. 이 상점이 장사가 잘 되는 것은 물건이 모두 싸기 때문입니다.
这家商店<u>之所以</u>买卖好，<u>是因为</u>东西都很便宜。

연습문제 정답

2. 아빠 엄마가 동의하지 않기 때문에, 그는 혼자서 여행 갈 수 없습니다.
   因为爸爸妈妈不同意，所以他不能一个人去旅游。
3. 기왕에 네기 그렇게 이 책을 좋아하니, 내가 이걸 너에게 선물할 게.
   既然你那么喜欢这本书，我就把它送给你吧。
4. 그는 실적이 두드러지기 때문에 그로 인해 상급자의 관심을 받았다.
   由于他表现突出，因此得到上级的重视。
5. 네가 기왕 내가 매운 것을 먹기 싫어한다는 것을 알았다면 이 요리를 만들지 말았어야 했어.
   你既然知道我讨厌吃辣的，就不应该做这道菜。
6. 그가 중국어를 공부하는 까닭은 회사가 그를 중국으로 파견 보내려 하기 때문입니다.
   他之所以学习汉语，是因为公司要派他去中国。
7. 그가 남을 돕기를 즐겨 하는 까닭에 그로 인해 그는 친구가 굉장히 많습니다.
   由于他乐于助人，因此他的朋友特别多。
8. 최근 계속 정전이 되는 것은 여름철 전력 사용량이 너무 많기 때문입니다.
   最近之所以一直停电，是因为夏天用电量太大了。
9. 여기는 자주 비가 내리기 때문에 사람들은 모두 우산을 가지고 외출합니다.
   因为这儿经常下雨，所以人们都带着雨伞出去。
10. 앞쪽에서 교통사고가 난 까닭에 그로 인해 차가 꼼짝달싹할 수가 없습니다.
    由于前方发生车祸，因此车子就走不动了。

02 1. 잘못한 줄 안 이상 그에게 사과해야 합니다.
       你既然知道错了，就应该向他道歉。
    2. 그들이 헤어진 이유는 성격이 맞지 않기 때문입니다.
       他们之所以分手，是因为性格不合。
    3. 최근 채소 값이 오른 이유는 수해를 입었기 때문입니다.
       最近蔬菜的价格之所以上涨，是因为遭到水灾的缘故。
    4. 너희들이 기왕에 모두 찬성한 이상 나는 더 이상 반대하지 않겠다.
       你们既然都赞成，我就不再反对了。
    5. 그의 지갑을 도둑 맞았기 때문에, 그는 요 며칠 기분이 아주 좋지 않습니다.
       因为他的钱包被偷了，所以他这几天很不开心。
    6. 오늘 날씨가 춥기 때문에 엄마는 나에게 스웨터를 한 벌 더 입으라고 합니다.
       因为今天天气很冷，所以妈妈叫我多穿一件毛衣。
    7. 여러 날 동안 비가 내리지 않은 까닭에 날씨가 엄청나게 덥습니다.
       由于好几天没下雨，因此天气热得要命。
    8. 형이 공부를 잘하는 까닭에 (그 때문에) 엄마는 형을 무척 좋아합니다.
       由于哥哥学习好，因此妈妈非常喜欢他。
    9. 당신은 기왕에 중국에 왔으니, 중국 친구를 많이 사귀어야 합니다.
       你既然来中国了，就应该多交中国朋友。
   10. 기왕에 이 일은 모두가 다 안 이상, 내가 또 반복할 필요는 없습니다.
       既然这件事大家都知道，就不用我重复了。

03 1. 기왕에 모두가 다 왔으니, 우리 출발하도록 합시다.
       既然大家都来了，我们就出发吧。
    2. 기왕 이렇게 값이 싸니, 좀 더 많이 삽시다.
       既然这么便宜，就多买一些吧。
    3. 그가 성적이 좋은 이유는 평소에 열심히 공부하기 때문입니다.
       他之所以成绩好，是因为平时努力学习。
    4. 그가 그녀를 좋아하는 이유는 그녀가 예쁘게 생겼기 때문입니다.
       他之所以喜欢她，是因为她长得漂亮。

5. 그가 늦게 온 이유는 길이 막혔기 때문입니다.
   他之所以来晚，是因为路上堵车。
6. 그가 똑똑한 까닭에 (그 때문에) 많은 난제들도 그를 어떻게 하지 못합니다.
   由于他很聪明，因此许多难题都难不倒他。
7. 오늘은 주말이라서 어디를 가든 사람들로 가득합니다.
   因为今天是周末，所以去哪儿，都是人。
8. 그의 집은 학교에서 너무 멀기 때문에 그는 종종 지각합니다
   因为他家离学校太远了，所以他经常迟到。
9. 그가 나에게 알리지 않기 때문에 (그래서) 내가 오지 않은 것입니다.
   因为他没通知我，所以我没来。
10. 할아버지는 늘 웃는 얼굴로 사람을 맞이하시기 때문에 (그래서) 모두 할아버지를 좋아합니다.
    因为爷爷总是笑脸迎人，所以大家都喜欢他。

04 1. 여동생이 귀엽기 때문에 사람들은 모두 그 애를 좋아합니다.
   因为妹妹很可爱，所以大家都喜欢她。/
   妹妹因为很可爱，所以大家都喜欢她。
2. 오늘이 아빠의 생일이어서 (그래서) 나는 생일 케이크를 하나 샀습니다.
   因为今天是爸爸的生日，所以我买了一个生日蛋糕。
3. 이것은 공예품이라서 값이 비쌉니다.
   因为这个是工艺品，所以价钱很贵。/
   这个因为是工艺品，所以价钱很贵。
4. 그는 일이 있어서 올 수가 없습니다.
   因为他有事，所以不能来。/
   他因为有事，所以不能来。
5. 그는 병이 나서 오늘 수업하러 오지 않았습니다.
   因为他生病了，所以今天没来上课。/
   他因为生病了，所以今天没来上课。
6. 그가 잊어버렸기 때문에 너에게 전화를 하지 못했어.
   因为他忘了，所以没给你打电话。/
   他因为忘了，所以没给你打电话。
7. 당신이 돈을 써서 공부하러 온 이상, 열심히 공부를 해야 합니다.
   既然你花钱来学习，就应该认真学习。/
   你既然花钱来学习，就应该认真学习。
8. 기왕에 배가 아프니 그냥 오늘은 학교 가지 마라.
   既然你肚子疼，就别去上学了。/
   你既然肚子疼，就别去上学了。
9. 기왕에 열이 나니 너 출근하러 가지 마라.
   既然发烧了，你就别去上班了。
10. 당신이 하겠다고 대답한 이상, 반드시 제대로 해내야 합니다.
    既然你答应要做，就一定要做好。/
    你既然答应要做，就一定要做好。
11. 모두 다 당신이 가는 것에 동의하지 않는 이상 당신은 고집을 부리지 마세요.
    既然大家都不同意你去，你就别坚持了。/ 大家既然都不同意你去，你就别坚持了。
12. 그가 중국에 유학 온 이유는 아빠의 충고를 들었기 때문입니다.
    他之所以来中国留学，是因为听了爸爸的劝说。
13. 그가 대학 입학 시험을 포기한 이유는 집안에 돈이 없기 때문입니다.
    他之所以放弃了考大学，是因为家里没有钱。
14. 그가 인간관계가 좋은 이유는 그가 유머스럽기 때문입니다.
    他之所以人缘很好，是因为他很幽默。
15. 그가 참가할 수 없는 이유는 집안에 일이 있기 때문입니다.
    他之所以不能参加，是因为家里有事。

연습문제 정답

✅ 复习 06　　　　　　　　　　p.77

❶ 越＋A＋越＋B

1. 아빠는 여동생이 자라면 자랄수록 예뻐진다고 말씀하십니다.
   爸爸说妹妹越大越漂亮。
2. 중국어는 배우면 배울수록 더 배우고 싶어집니다.
   汉语越学越想学。
3. 고추는 작으면 작을수록 더 맵습니다.
   辣椒越小越辣。

❷ 越来越＋A

1. 요즘 날씨가 점점 더 따뜻해지고 있습니다.
   最近天气越来越暖和了。
2. 의사가 준 약을 먹고, 어머니의 건강은 점점 좋아졌습니다.
   吃了医生给的药，妈妈的身体越来越好了。
3. 그녀는 점점 더 예뻐지고 있습니다.
   她越来越漂亮了。

❸ 再＋A＋也＋B

1. 바람이 아무리 거세도, 우리는 가야 합니다.
   风刮得再大，我们也要去。
2. 그의 물건이 아무리 적어도 내 것보다는 많습니다.
   他的东西再少，也比我的多。
3. 기분이 아무리 나쁘더라도 당신은 웃어야 합니다.
   再不高兴，你也要笑。

❹ 不＋A＋不＋B

1. 그 청바지는 색이 진하지도 옅지도 않아서 딱 적당합니다.
   那条牛仔裤颜色不深不浅，正合适。
2. 그녀는 몸이 마르지도 뚱뚱하지도 않습니다.
   她身体不瘦不胖。
3. 아빠는 맵지 않으면 안 먹습니다.
   爸爸不辣不吃。
4. 우리 언니는 옷이 예쁘지 않으면 안 입습니다.
   我姐姐衣服不好看不穿。
5. 신발은 신어보지 않으면 맞는지 안 맞는지 모릅니다.
   鞋不穿不知道合适不合适。

❺ 不＋A＋也＋B

1. 세수하기 싫어도 해야 합니다.
   不想洗脸也要洗。
2. 너는 중국어를 배우기 싫어도 배워야 해.
   你不想学汉语也要学。
3. 너는 먹기 싫어도 먹어야 해.
   你不想吃也要吃。
4. 그가 오지 않으면 저도 방법이 없습니다.
   他不来，我也没办法。
5. 그가 저를 기다리지 않으면 저도 그를 기다리지 않을 겁니다.
   他不等我，我也不等他。

❻ 非＋A＋不可

1. 저는 반드시 중국에 가지 않으면 안 됩니다.
   我非去中国不可。
2. 그가 내가 만든 요리를 꼭 먹어야겠다고 말합니다.
   他说非吃我做的菜不可。
3. 저는 반드시 이 샤프를 사지 않으면 안 됩니다.
   我非买这支自动铅笔不可。

❼ P＋接着＋Q

1. 너는 수학 숙제를 다한 다음에 이어서 방 청소도 해야 한다.
   你做完数学作业以后，接着还要打扫房间。
2. 그녀는 옷을 다 차려 입은 다음에 이어서 남자친구에게 전화를 걸었습니다.
   她穿好衣服以后，接着就给男朋友打电话了。

3. 너는 오늘 오후에 피아노를 다 친 다음에 이어서 바이올린도 켜야 한다.
   你今天下午弹完钢琴以后，接着还要拉小提琴。

8 一＋P＋就＋Q

1. 내가 담배를 피우자마자 그녀가 기침을 합니다.
   我一抽烟，她就咳嗽。
2. 그녀는 차만 타면 멀미를 합니다.
   她一坐车，就晕车。
3. 그녀의 남편은 집에 돌아오자마자 바로 밥을 먹어야 합니다.
   她丈夫一回到家，就要吃饭。
4. 그녀들은 백화점에 도착하자마자 바로 화장실로 갔습니다.
   她们一到百货商场，就去洗手间了。
5. 그는 입만 열면 배고프다고 합니다.
   他一开口，就说饿了。

9 (起初)＋P＋后来＋Q

1. 처음에 나는 그 검은 치마가 마음에 들었지만, 나중에 시착하자마자 너무 짧은 것 같아서 사지 않았습니다.
   起初我看上了那条黑裙子，后来一试穿觉得太短了就没买。
2. 처음에 우리 두 사람은 단지 친구 사이에 불과했지만, 나중에 연인이 되었습니다.
   起初我们两个人只不过是个朋友，后来成恋人了。
3. 처음에 나는 서울에 살았지만, 나중에 부산으로 이사했습니다.
   起初我住在首尔，后来搬到釜山了。
4. 처음에 그들은 친한 친구였으나, 나중에 원수가 되었습니다.
   起初他们是个好朋友，后来成为仇人了。

10 주어＋(先)＋P＋再＋Q

1. 저는 매번 먼저 손을 씻고 밥을 먹습니다.
   我每次都先洗手，再吃饭。
2. 우리가 먼저 다 하고 그들에게 하라고 합시다.
   我们先做完，再让他们做吧。
3. 그는 매번 먼저 물을 한 잔 마시고 밥을 먹습니다.
   他每次都要先喝一杯水，再吃饭。

11 首先＋P＋然后＋(再/又)＋Q

1. 먼저 상황을 이해하고 그 다음에 결정을 내려야 합니다.
   首先要了解情况，然后再做出决定。
2. 먼저 교장 선생님께 말씀을 부탁 드리고 그 다음에 선생님께서 발언해 주십시오.
   首先请校长讲话，然后再请老师发言。
3. 먼저 화학검사실로 가서 피검사를 받은 다음에 엑스레이실로 가세요.
   首先请到化验室验血，然后再到X光室。

12 (也)＋P＋也＋Q

1. 찻잎은 차를 우려낼 수도 있고, 베개를 만들 수도 있습니다.
   茶叶也可以泡茶，也可以做成枕头。
2. 이 식당의 요리는 맛있지만, 비싸기도 합니다.
   这家饭馆的菜很好吃，但也很贵。
3. 그 카페의 커피는 비싸지만, 맛있기도 합니다.
   那家咖啡厅的咖啡很贵，但也很好喝。

13 不是＋P＋而是＋Q

1. 내가 너를 믿지 않는 것이 아니라, 네가 거짓말을 너무 많이 해서 너를 감히 믿을 엄두가 나지 않아서이다.
   不是我不相信你，而是你说谎说得太多了，我不敢相信你。
2. 당신은 말을 너무 느리게 하는 것이 아니라 너무 빨리 합니다.
   你说得不是太慢了，而是太快了。
3. 내가 뚱뚱해진 게 아니라 이 스웨터가 작아진 것입니다.
   不是我胖了，而是这件毛衣小了。

연습문제 정답

14 一边 + P + 一边 + Q

1. 나는 빨래를 하면서 라디오를 듣습니다.
   我一边洗衣服，一边听收音机。
2. 그녀는 일하면서 공부합니다.
   她一边工作，一边学习。
3. 운전하면서 휴대전화를 하면 교통사고가 나기 쉽습니다.
   一边开车，一边打手机，容易发生交通事故。

15 有时 + P + 有时 + Q

1. 나는 주말에 남자친구와 영화를 보러 갈 때도 있고, 혼자 집에서 쉴 때도 있습니다.
   我周末有时和男朋友去看电影，有时一个人在家里休息。
2. 방과 후에 나는 도서관에 갈 때도 있고, 친구들과 카페에 가서 잡담을 나눌 때도 있습니다.
   放学后，我有时去图书馆，有时和朋友们去咖啡厅聊天。
3. 나는 점심 때 도시락을 가져올 때도 있고, 바깥에 가서 먹을 때도 있습니다.
   我中午有时带盒饭，有时去外面吃。

16 又 + P + 又 + Q

1. 그 식당의 요리는 싸고 맛있습니다.
   那家饭馆的菜又便宜又好吃。
2. 그녀는 예쁘고 똑똑합니다.
   她又漂亮又聪明。

17 既 + P + 又 + Q

1. 변호사라면 당연히 법률에 정통해야 하는 것은 물론이고 정의감도 있어야 합니다.
   作为一个律师既应该精通法律，又应该有正义感。
2. 이런 종류의 식품은 영양도 있는 데다가 칼로리도 높지 않습니다.
   这种食品既有营养，热量又不大。

18 或者 + P + 或者 + Q

1. 전화를 하든 문자를 하든 될 수 있는 한 빨리 우리에게 알려주세요.
   或者打电话，或者发短信，最好尽快通知我们。
2. 엄마든 아빠든 누가 가서 참석해도 다 상관없습니다.
   或者妈妈，或者爸爸，谁去参加都可以。
3. 배를 타고 갈지 아니면 비행기를 타고 갈지 당신 스스로 선택하세요.
   或者坐船去，或者坐飞机去，你自己选择吧。

19 不是 + P + 就是 + Q

1. 요 며칠은 바람이 불지 않으면 비가 오곤 해서 날씨가 아주 엉망입니다.
   这几天不是刮风，就是下雨，天气很糟。
2. 매일 학교를 마치고, 남동생은 텔레비전을 보지 않으면 컴퓨터 게임을 합니다.
   每天放学，弟弟不是看电视，就是玩电脑游戏。
3. 이 책은 그녀의 것이 아니면 선생님의 것입니다.
   这本书不是她的，就是老师的。

20 也许 + P + 也许 + Q

1. 오늘 비가 올지도 모르고 오지 않을지도 모릅니다.
   今天也许下雨，也许不下雨。
2. 내가 내일 출발하게 될지 아니면 모레가 될지 미안하지만 아직 확실하지 않습니다.
   我也许明天出发，也许后天，对不起还没确定。
3. 샤오왕이었는지, 샤오짱이었는지 모르겠지만, 예전에 나에게서 그 책을 빌려간 적이 있습니다.
   也许是小王，也许是小张，曾经向我借过那本书。

㉑ 与其＋P＋不如＋Q

1. 커닝하려고 온갖 방법을 생각할 바에야 차라리 시험을 열심히 준비하는 편이 더 낫습니다.
   与其想尽办法去作弊，还不如好好准备考试。
2. 여름에 남방으로 여행을 갈 바에야, 동북으로 가는 편이 낫습니다.
   你夏天与其去南方旅游，不如去东北。
3. 아이에게 생일을 해줄 때, 선물을 사줄 바에야 돈을 좀 주는 편이 더 낫습니다.
   孩子过生日的时候，与其给他买礼物，还不如给他点儿钱。

㉒ 宁可＋P＋也(不)/决(不)＋Q

1. 제가 아이를 좋아하지 않기 때문에, 저는 빨래하고 밥을 할지언정 아이를 돌보기는 싫습니다.
   因为我不喜欢小孩，我宁可洗衣服、做饭，也不愿意看孩子。
2. 그는 집에서 잠을 잤으면 잤지, 그런 재미없는 영화를 보러 가고 싶어하지는 않습니다.
   他宁可在家睡觉，也不想看那种没有意思的电影。
3. 다른 사람과 약속을 할 때 그는 언제나 일찍 가면 갔지, 지각하기는 싫어합니다.
   跟别人约会的时候，他总是宁可早去，也不愿意迟到。

㉓ 因为＋P＋所以＋Q

1. 아빠 엄마가 동의하지 않기 때문에, 그는 혼자서 여행 갈 수 없습니다.
   因为爸爸妈妈不同意，所以他不能一个人去旅游。
2. 오늘 날씨가 춥기 때문에 엄마는 나에게 스웨터를 한 벌 더 입으라고 합니다.
   因为今天天气很冷，所以妈妈叫我多穿一件毛衣。
3. 여동생이 귀엽기 때문에 사람들은 모두 그 애를 좋아합니다.
   因为妹妹很可爱，所以大家都喜欢她。

㉔ 由于＋P＋因此/因而＋Q

1. 여러 날 동안 비가 내리지 않은 까닭에 날씨가 엄청나게 덥습니다.
   由于好几天没下雨，因此天气热得要命。
2. 형이 공부를 잘하는 까닭에 (그 때문에) 엄마는 형을 무척 좋아합니다.
   由于哥哥学习好，因此妈妈非常喜欢他。
3. 그가 똑똑한 까닭에 (그 때문에) 많은 난제들도 그를 어떻게 하지 못합니다.
   由于他很聪明，因此许多难题都难不倒他。

㉕ 由于＋P, Q

1. 한 차례의 큰 화재로 인해 수많은 나무들이 모두 다 타버렸습니다.
   由于一场大火，许多树木都烧光了。
2. 그녀의 성공은 가족의 지지에 의한 겁니다.
   她的成功是由于家人的支持。

㉖ 既然＋P＋就/也＋Q

1. 당신이 돈을 써서 공부하러 온 이상, 열심히 공부를 해야 합니다.
   你既然花钱来学习，就应该认真学习。
2. 당신이 하겠다고 대답한 이상, 반드시 제대로 해내야 합니다.
   你既然答应要做，就一定要做好。
3. 모두 다 당신이 가는 것에 동의하지 않는 이상, 당신은 고집을 부리지 마세요.
   大家既然都不同意你去，你就别坚持了。

㉗ 주어＋之所以＋P＋是因为＋Q

1. 이 상점이 장사가 잘 되는 것은 물건이 모두 싸기 때문입니다.
   这家商店之所以买卖好，是因为东西都很便宜。
2. 그가 중국어를 공부하는 까닭은 회사가 그

연습문제 정답

를 중국으로 파견 보내려 하기 때문입니다.
他之所以学习汉语，是因为公司要派他去中国。

3. 최근 계속 정전이 되는 것은 여름철 전력 사용량이 너무 많기 때문입니다.
最近之所以一直停电，是因为夏天用电量太大了。

课文 07   p.93

01

1. 일 더하기 일이 이라는 건 심지어 어린 아이조차 압니다.
一加一等于二连小孩子都知道。

2. 수영은 몸을 단련할 수 있을 뿐만 아니라 다이어트에도 도움이 됩니다.
游泳不但可以锻炼身体，而且对减肥也有帮助。

3. 베이징에 온 이후로 만리장성은커녕 천안문 광장도 나는 가 본 적이 없습니다.
来北京以后，不仅长城，就是天安门广场我也没去过。

4. 그는 감사하다고 말하기는커녕 오히려 샤오왕에게 핀잔을 주었습니다.
他不但没说谢谢，反而骂了小王一句。

5. 아빠는 그녀가 중국어 배우는 것에 반대하지 않을 뿐만 아니라 지지를 합니다.
爸爸不但不反对她学习汉语，反而很支持。

6. 지금만 제외하고 다른 시간은 다 괜찮습니다.
除了现在以外，其他时间都可以。

7. 그가 유명 대학에 합격하자, 온 집안 식구가 놀란 건 둘째치고, 그 자신도 의외라고 생각했습니다.
他考上了知名大学，不仅全家人都吃惊，就是他自己也感到很意外。

8. 이 곳의 인구는 줄어들기는커녕 오히려 증가했습니다.
这个地方的人口不但没减少，反而增加了。

9. 이 상자는 너무 무거워서, 우리 두 사람이 들려고 해도 들 수조차 없습니다.
这个箱子太重了，我们俩连抬都抬不动。

10. 그녀가 예쁘게 생긴 것은 물론이고 그녀의 언니도 아주 예쁘게 생겼습니다.
不但她长得很漂亮，而且她姐姐也长得很漂亮。

02

1. 그는 잘못을 인정하지 않을 뿐만 아니라 오히려 크게 화를 냈습니다.
他不但不承认错误，反而大发脾气。

2. 이 소식은 나뿐만 아니라 아버지도 흥분하게 만들었습니다.
这个消息不仅让我兴奋，就是让爸爸也很激动。

3. 이렇게 추운 날씨를 남방 사람이 견디지 못하는 건 둘째치고 북방 사람이라고 해도 견딜 수 없습니다.
这么冷的天气，不仅南方人受不了，就是北方人也受不了。

4. 그 사람만 이 노래를 부를 줄 아는 게 아니라 그의 남동생도 이 노래를 부를 줄 압니다.
不但他会唱这首歌，而且他弟弟也会唱这首歌。

5. 계란 값은 오르기는커녕 오히려 내렸습니다.
鸡蛋的价格不但没上涨，反而降低了。

6. 설탕을 첨가한 후 맛있어지기는커녕 오히려 더욱 맛이 없어졌습니다.
加了糖以后，不但没变好吃，反而变得更难吃了。

7. 뉴스 프로를 시청하는 것을 제외하면 그는 거의 텔레비전을 보지 않습니다.
除了看新闻节目以外，他几乎不看电视。

8. 그녀는 중국 요리 먹는 걸 좋아할 뿐 아니라 중국 요리 만드는 것도 좋아합니다.
她不但很爱吃中国菜，而且也很爱做中国菜。

9. 내일만 중국어 수업이 있는 것이 아니라 모레도 중국어 수업이 있습니다.
不但明天有汉语课，而且后天也有汉语课。

10. 가을이 되었는데 날씨가 시원하기는커녕 오히려 갑자기 더워지기 시작했습니다.
    到了秋天，天气不但不凉快，反而突然热起来了。

03
1. 그의 방은 깨끗할 뿐만 아니라 조용하기도 합니다.
   他的房间不但很干净，而且也很安静。
2. 그의 엄마만 중국에 가 본 적이 없는 게 아니라 그의 아빠도 중국에 가 본 적이 없습니다.
   不但他妈妈没去过中国，而且他爸爸也没去过中国。
3. 너무 많이 먹으면 몸에 안 좋을 뿐만 아니라 오히려 건강에 해롭습니다.
   吃得太多，不但对身体不好，反而对健康有害。
4. 너의 그 말은 그에게 도움이 되기는커녕 오히려 그를 화나게 할 것이다.
   你的那句话不但对他没有帮助，反而会让他生气的。
5. 좋아하는 걸 먹는 건 둘째치고 먹기 싫어하는 것 또한 먹어야 한다.
   不仅爱吃的东西应该吃，就是不爱吃的东西也应该吃。
6. 그들 둘은 공부를 잘할 뿐만 아니라 품성도 좋습니다.
   他们俩不仅学习好，就是品格也不错。
7. 저는 수요일 외에 다른 날은 다 바쁩니다.
   我除了星期三以外，其他天都很忙。
8. 그는 중국의 역사를 좋아할 뿐 아니라 중국의 음식문화에 대해서도 관심이 매우 많습니다.
   他除了喜欢中国的历史以外，还对中国的饮食文化也很感兴趣。
9. 나는 요즘 바빠서, 밥 먹을 시간조차 없습니다.
   我最近很忙，连吃饭的时间都没有。
10. 날이 너무 더워서 약간의 바람조차 없습니다.
    今天太热了，连一点风都没有。

04
1. 그는 물 한 모금조차 마시지 않았습니다.
   他连一口水都没喝。
2. 그는 밥 한 술조차 먹지 않았습니다.
   他连一口饭都没吃。
3. 그는 이 글자조차 모릅니다.
   他连这个字都不认识。
4. 그가 어떻게 이 일조차 모릅니까?
   他怎么连这件事都不知道?
5. 그는 이조차 닦지 않은 채로 바로 잠들어버렸습니다.
   他连牙都没刷就睡着了。
6. 그는 오늘 얼굴조차 씻지 않았습니다.
   他今天连脸都没洗。
7. 그 아이는 자기 이름조차 쓸 줄 모릅니다.
   那个孩子连自己的名字都不会写。
8. 요 며칠 나는 신문을 볼 시간조차 없습니다.
   这几天我连看报的时间都没有。
9. 너는 너무 말을 빨리 해서 나조차 알아 들을 수 없다.
   你说得太快了，连我都听不懂。
10. 이것은 무슨 꽃인가요? 나는 예전에 한 번도 본 적조차 없습니다.
    这是什么花，我以前连见也没见过。
11. 그녀만 중국어를 할 줄 아는 게 아니라 그녀의 언니도 중국어를 할 줄 압니다.
    不但她会说汉语，而且她姐姐也会说汉语。
12. 이 펜은 무척 예쁠 뿐만 아니라 잘 써지기까지 한다.
    这支笔不但很好看，而且也很好写。
13. 우리 언니는 영어를 할 줄 알 뿐만 아니라 중국어도 할 줄 압니다.
    我姐姐不但会说英语，而且还会说汉语。
14. 그는 공부만 잘하는 것이 아니라, 인간관계도 좋습니다.
    他不但学习很好，而且人缘也很好。
15. 그는 중국 요리를 먹어본 적이 있을 뿐만 아니라 중국에 가 본 적도 있습니다.
    他不但吃过中国菜，而且还去过中国。
16. 그는 커피 마시는 걸 좋아할 뿐 아니라 중

연습문제 정답

국차 마시는 것도 좋아합니다.
他不但爱喝咖啡，而且也爱喝中国茶。

17. 일기예보에 따르면 내일 비가 올 뿐만 아니라 바람도 심하게 불 거라고 합니다.
天气预报说: 明天不但会下雨，而且还会刮大风。

18. 그의 휴대전화는 무척 예쁠 뿐만 아니라 아주 편리하기까지 합니다.
他的手机不但很漂亮，而且也很好用。

19. 우리 과에는 미국인뿐만 아니라 영국인도 있습니다.
我们系里不但有美国人，而且还有英国人。

20. 아빠만 오신 게 아니라 엄마도 오셨습니다.
不但爸爸来了，而且妈妈也来了。

21. 그 사람만 커피 마시는 걸 좋아하지 않는 것이 아니라 그의 아버지도 커피 마시는 걸 좋아하지 않습니다.
不但他不喜欢喝咖啡，而且他爸爸也不喜欢喝咖啡。

22. 그는 집에서뿐만 아니라 학교에서도 말을 잘 듣습니다.
他不仅在家里，就是在学校里也很听话。

23. 그는 소설은커녕 신문도 보지 않습니다.
他不仅小说，就是报纸也不看。

24. 그가 하는 말은 우리만 못 알아 듣는 게 아니라, 그의 아빠 엄마도 알아 듣지 못합니다.
他说的话，不仅我们听不懂，就是他爸爸妈妈也听不懂。

25. 그녀는 웃기는커녕 오히려 울었습니다.
她不但没笑，反而哭了。

26. 그는 나에게 감사는커녕 오히려 나에게 낭비한다고 합니다.
他不但不感谢我，反而说我很浪费。

27. 약을 먹고 나서 열이 떨어지기는커녕 오히려 열이 더욱 심해졌습니다.
吃了药以后，不但没退烧，反而烧得更厉害了。

28. 그는 형 두 명 이외에 누나도 한 명 있습니다.
他除了有两个哥哥以外，还有一个姐姐。

29. 나는 오늘 중국어 수업 이외에 영어 수업도 있습니다.
我今天除了有汉语课以外，还有英语课。

30. 나는 목요일 이외에 금요일에도 중국어 수입이 있습니다.
我除了星期四有汉语课以外，星期五也有汉语课。

31. 그를 제외하고 우리들은 모두 농구 시합에 참가해야 합니다.
除了他以外，我们都要参加篮球比赛。

32. 그를 제외하고 누구도 샤오장을 좋아하지 않습니다.
除了他以外，谁也不喜欢小张。

33. 노래 부르는 것을 제외하면, 그는 아무 것도 할 줄 모릅니다.
除了唱歌以外，他什么也不会。

34. 중국은 다민족 국가입니다. 한족 이외에도 55개의 소수민족이 있습니다.
中国是一个多民族国家，除了汉族以外，还有55个少数民族。

课文 08
p.107

01
1. 아빠는 바쁨에도 불구하고 일요일이면 여전히 나와 놀아줍니다.
尽管爸爸很忙，星期天他还是陪我玩。

2. 그는 비록 일이 무척 바쁘기는 하지만, 매일 몸을 단련하러 꾸준히 공원에 갑니다.
他虽然工作很忙，但是每天都坚持去公园锻炼身体。

3. 설령 길이 제아무리 멀어도 나는 부모님께 문안 드리러 집으로 돌아갈 겁니다.
即使路有多远，我也要回家探望父母。

4. 중국어는 재미있기는 한데 다만 성조가 좀 어려울뿐입니다.
汉语很有意思，只是声调有点儿难。

5. 설령 하늘이 무너진다고 해도 나는 두렵지

않습니다.
即使天塌下来，我也不怕。

6. 비록 이번 성적은 그다지 좋지 않지만, 엄마는 나를 나무라지 않았습니다.
虽然这次成绩不太好，但是妈妈没有责怪我。

7. 설사 아무리 많은 시간이 걸리더라도 나는 퍼즐을 완성할 것입니다.
即使花再多的时间，我也要把拼图完成。

8. 선생님이 그를 여러 번 꾸중했음에도 불구하고, 그는 여전히 종종 지각을 합니다.
尽管老师说过他很多次了，他还是常常迟到。

9. 이 이야기는 비록 짧지만, 의미는 아주 심오합니다.
这篇故事虽然很短，但是意义很深远。

10. 나 역시 거기에 무척 놀러 가고 싶기는 한데, 다만 오늘 짬이 없어요.
我也很想去那儿玩，只是今天没有空儿。

02　1. 그는 비록 머리가 좋지는 않지만, 열심히 공부합니다.
他虽然头脑不好，但是努力学习。

2. 그들 두 사람은 비록 친형제이지만, 성격은 완전히 다릅니다.
他们两个人虽然是亲兄弟，但是性格完全不同。

3. 비록 그는 서른 살이나 되었지만, 말은 아직도 어린이처럼 합니다.
虽然他都三十岁了，但是说话还是像小孩儿一样。

4. 집에 돈이 없음에도 불구하고 그는 여전히 미국으로 유학 가기를 고집합니다.
尽管家里没有钱，他还是坚持去美国留学。

5. 벌써 일주일 동안 약을 먹었음에도 불구하고, 나의 병은 여전히 차도를 보이지 않습니다.
尽管已经吃了一个星期的药，可是我的病还是不见效。

6. 이 손목시계는 이미 가지 않음에도 불구하고, 그는 여전히 매우 아낍니다.
尽管这块手表已经不走了，但他还是爱不释手。

7. 일이 아무리 바쁘더라도 몸을 단련하러 가야 합니다.
即使工作再忙，也应该去锻炼身体。

8. 설령 그가 당신의 주소를 모른다 해도 당신을 찾을 수 있습니다.
即使他不知道你的地址，也能找到你。

9. 설사 너희들이 모두 안 간다고 해도 나 혼자라도 갈 거다.
即使你们都不去，我一个人也要去。

10. 설령 단 한 사람만이 반대를 하더라도 이 방안은 통과할 수 없습니다.
哪怕只有一个人反对，这个方案也不能通过。

11. 설사 그가 안 먹고 안 잔다고 해도, 이렇게 많은 일을 완성할 수는 없다.
哪怕他不吃不睡，也完不成这么多工作。

12. 오늘 저녁에 설령 세 시간밖에 안 자는 한이 있어도 나는 숙제를 마칠 것입니다.
今天晚上，哪怕只睡三个小时，我也要做完作业。

13. 할아버지는 몸은 건강하십니다. 다만 눈이 좀 노화되었을 뿐입니다.
爷爷身体很健康，只是眼睛有点儿老化了。

14. 그 청바지는 모양이 꽤 괜찮은데, 다만 내가 입기에는 좀 긴 게 흠이다.
那条牛仔裤样子挺不错的，只是我穿起来有点儿长。

15. 비록 곧 개학을 하지만, 남동생은 아직도 방학 숙제를 다 하지 못했습니다.
虽然快要开学了，但是弟弟还没做好放假作业。

03　1. 여동생은 비록 10살에 불과하지만, 벌써 철이 많이 들었습니다.
妹妹虽然才十岁，但是已经很懂事了。

23

연습문제 정답

2. 설령 나와 관계는 없더라도 나는 상관해야 겠습니다.
   即使和我没关系，我也要管。
3. 남동생은 비록 똑똑하기는 하지만, 공부하기를 좋아하지 않습니다.
   弟弟虽然很聪明，但是不爱学习。
4. 산이 제아무리 높더라도 나는 산 정상에 오를 것입니다.
   即使山再高，我也要爬上山顶。
5. 내 방이 아무리 어지럽다고 해도, 네 방 어지러운 것에 비할 수는 없어.
   我的房间即使再乱，也比不上你房间的乱。
6. 이런 약은 비록 (맛이) 쓰기는 하지만, 굉장히 효력이 있습니다.
   这种药虽然苦，但是非常见效。
7. 비록 나는 음치이기는 하지만, 음악은 좋아합니다.
   虽然我五音不全，但是我很喜欢音乐。
8. 텔레비전 소리가 너무 커서, 설사 누가 문을 두드린다고 해도 들리지 않습니다.
   电视声音太大了，即使有人敲门，我(也)听不见。
9. 설령 내일 바람 불고 비가 오더라도 나는 등교할 거야.
   哪怕明天刮风下雨，我也要上学。
10. 그 회사의 조건이 좋기는 한데, 다만 우리 집에서 너무 먼 게 흠이다. 출퇴근에 두 시간 넘게 걸려.
    那家公司的条件很好，只是离我家太远了，上下班要花两个多小时。
11. 나는 에어컨을 좋아하지 않아서 설령 날씨가 아무리 덥다 해도 켜는 걸 원치 않는다.
    我不喜欢空调，即使天气再热，也不愿意开。
12. 시험 시간이 설령 3분 밖에 남지 않았다 해도 한 번 더 확인을 해야 한다.
    考试时间，哪怕只剩下三分钟，也应该再检查一次。
13. 설령 그 사람이라고 해도 어려움에 봉착할 때가 있습니다.
    即使他也有遇到困难的时候。

04
1. 할머니는 비록 나이가 많으시지만, 시력은 여전히 좋습니다.
   奶奶虽然年纪大了，但是视力还是很好。
2. 할아버지는 비록 벌써 일흔이 넘었지만 몸은 여전히 건강합니다.
   爷爷虽然已经七十多岁了，但是身体还是很健康。
3. 비록 어려움에 봉착하였지만, 그는 두려워하지 않습니다.
   虽然遇到困难，但是他都不怕。
4. 이 스웨터는 비록 예쁘기는 하지만 너무 비쌉니다.
   这件毛衣虽然很漂亮，但是太贵了。
5. 여동생은 비록 나이가 어리기는 하지만, 철이 들었습니다.
   妹妹虽然年纪小，但是很懂事。
6. 중국어는 비록 어렵기는 하지만, 나는 그래도 계속 중국어를 공부하고 싶습니다.
   汉语虽然很难，但是我还是想继续学习汉语。
7. 그가 나를 좋지 않게 대한다고 하더라도 나는 그를 좋아합니다.
   即使他对我不好，我也喜欢他。
8. 아빠가 동의한다고 하더라도 엄마는 동의하지 않을 거야.
   即使爸爸同意了，妈妈也不会同意。
9. 엄마가 맛있다고 말하더라도, 아빠는 먹지 않을 걸.
   即使妈妈说好吃，爸爸也不会吃。
10. 그녀는 아무리 바쁘다고 해도 매주 일요일마다 자신의 부모님을 뵈러 갈 겁니다.
    她即使再忙，每个星期天也会去看她的父母。
11. 설령 자동차가 있다고 해도, 그는 운전하지 않을 것입니다.
    即使有汽车，他也不会开。
12. 그는 나이가 많지 않음에도 불구하고, 그래

도 철이 들었습니다.
尽管他年纪不大，还是很懂事。

13. 날씨가 추움에도 불구하고 그는 여전히 공원에 가서 몸을 단련합니다.
尽管天气很冷，他还是去公园锻炼身体。

14. 몸이 많이 불편함에도 불구하고 그는 여전히 출근하러 갑니다.
尽管身体很不舒服，他还是去上班。

15. 그는 몸이 좋지 않음에도 불구하고, 여전히 일하기를 고집합니다.
尽管他身体不好，还是坚持工作。

16. 그가 나를 좋지 않게 대함에도 불구하고 나는 여전히 그를 좋아합니다.
尽管他对我不好，我还是喜欢他。

17. 이 옷은 예쁘기는 한데, 다만 너무 비싼 게 흠입니다.
这件衣服很漂亮，只是太贵了。

18. 중국 요리는 무척 맛있는데, 다만 너무 느끼할 따름입니다.
中国菜很好吃，只是太油腻了。

19. 오늘 날씨가 좋기는 한데, 다만 바람이 좀 있는 게 흠입니다.
今天天气很好，只是有点儿风。

20. 이 소설책은 재미는 있는데, 다만 너무 두꺼운 게 흠입니다.
这本小说很好看，只是太厚了。

21. 이 집은 꽤 괜찮기는 한데, 다만 회사에서 너무 멀다는 게 흠입니다.
这套房子很不错，只是离公司太远了。

课文 09

01 1. 如果没有阳光和水，所有的生物就不能生存。
만약 햇빛과 물이 없다면, 모든 생물은 생존할 수 없습니다.

2. 如果不是你，我早就回家了。
만약 당신이 아니었다면, 나는 벌써 집으로 돌아갔을 겁니다.

3. 如果有时间，我就去看你。
만약 시간이 있으면 당신을 만나러 가겠습니다.

4. 如果没有父母，就没有今天的我。
만약 부모님이 없었다면, 오늘의 나는 존재하지 않을 겁니다.

6. 阳台上的花要常常浇水，不然会枯死。
베란다의 꽃에 자주 물을 줘야 합니다. 그렇지 않으면 말라 죽을 겁니다.

7. 骑摩托车要戴头盔，不然很危险。
오토바이를 탈 때는 헬멧을 써야 합니다. 그렇지 않으면 위험합니다.

8. 幸亏带了雨伞，才没被雨淋着。
다행히 우산을 가지고 있어서 비에 젖지 않았습니다.

02 1. 만약 당신이 이 요리가 맛이 없다고 느껴진다면 저에게 말씀하세요.
如果你觉得这道菜不好吃，就告诉我。

2. 매일 운동하는 습관을 길러야 합니다. 그렇지 않으면 몸에 점점 살이 찔 겁니다.
要养成每天运动的习惯，不然身体会越来越胖。

3. 만약 당신 몸이 불편하다면, 지금 기숙사로 돌아가 쉬세요.
如果你身体不舒服，现在就回宿舍休息吧。

4. 틀림없이 기차가 연착했을 겁니다. 그렇지 않다면 그가 지금 당연히 도착했을 테니까요.
一定是火车晚点了，不然他现在应该到了。

5. 다행히 운전기사가 제때에 차를 세워서 그 노인을 치지 않았습니다.
幸亏司机及时停了车，才没撞到那位老人。

03 1. 만약 이번 시험에 불합격한다면, 졸업하는 데 문제가 생길 겁니다.

연습문제 정답

*如果*这次考试不及格，毕业*就*会有问题了。

2. 식후에 격렬한 운동을 하지 마세요. 그렇지 않으면 위장을 다칠 수 있어요.
   吃完饭别做剧烈的运动，*不然*会伤害胃肠的。

3. 다행히 네가 사전에 나에게 알려 주어서 헛걸음하지 않았어.
   *幸亏*你提前通知了我，我*才*没白跑一趟。

4. 내일 만약 날씨가 좋다면, 시합은 예정대로 진행됩니다.
   明天*如果*是好天气，比赛*就*照常举行。

5. 다행히 네가 나를 환기시켜 주어서 나는 지각하지 않았어.
   *幸亏*你提醒了我，我*才*没迟到。

04
1. 만약 당신이 지금 빨리 가서 그에게 알려 주지 않으면 그는 퇴근해서 집으로 돌아가 버릴 겁니다.
   *如果*你现在不快去通知他，他就下班回家了。
   당신은 지금 빨리 가서 그에게 알려요. 그렇지 않으면 그는 퇴근해서 집으로 돌아가 버릴 겁니다.
   你现在快去通知他，*不然*他就下班回家了。

2. 만약 우리가 서둘러 가지 않는다면, 막차를 놓치게 될 겁니다.
   *如果*我们不快走，就赶不上末班车了。
   우리 서둘러 갑시다. 그렇지 않으면 막차를 놓치게 될 겁니다.
   咱们快走吧，*不然*(就)赶不上末班车了。

3. 당신이 만약 지각한 원인을 그녀에게 가르쳐 주지 않는다면, 그녀는 화를 낼 겁니다.
   你*如果*不把迟到的原因告诉她，她就会生气的。
   당신은 지각한 원인을 그녀에게 가르쳐 주어야 합니다. 그렇지 않으면 그녀는 화를 낼 겁니다.
   你应该把迟到的原因告诉她，*不然*她会生气的。

4. 만약 누워서 책을 본다면 눈이 근시로 변할 거야.
   *如果*躺着看书，眼睛就会变近视的。
   누워서 책을 보지 말아라. 그렇지 않으면 눈이 근시로 변할 거야.
   不要躺着看书，*不然*眼睛(就)会变近视的。

5. 만약 네가 나의 일기를 훔쳐보지 않았다면, 네가 이렇게 분명하게 알지 못할 것이다.
   *如果*你没偷看我的日记，你就不会知道得这么清楚。
   틀림없이 네가 내 일기를 훔쳐봤을 거야. 그렇지 않다면 네가 어떻게 그렇게 분명하게 알 수 있겠니.
   一定是你偷看了我的日记，*不然*你怎么知道得那么清楚。

05
1. 만약에 당신이 시간이 있으면 나와 함께 영화 보러 갑시다.
   如果你有时间，就和我一起去看电影吧。

2. 만약 그날 비가 온다면 나는 가지 않기로 했습니다.
   如果那天下雨，我就不去了。

3. 만약 당신이 우체국에 간다면, 나 대신 우표를 몇 장 사 주세요..
   如果你去邮局，你帮我买几张邮票吧。

4. 만약 그가 말하지 않으면 네가 그에게 묻지 마라.
   如果他不说，你就别问他。

5. 만약 당신이 이미 알고 있다면, 내가 더 이상 말하지 않기로 하겠습니다.
   如果你已经知道了，我就不说了。

6. 만약 당신의 도움이 아니었다면, 나는 오늘 날 성공했을 리가 없습니다.
   如果不是你的帮助，我今天就不可能成功了。

7. 만약 네가 열심히 공부하지 않는다면, 좋은 성적이 나올 리가 없다.
   如果你不认真学习，就不可能有好成绩。

8. 만약 당신이 갈 수 없다면, 제가 혼자서 가겠습니다.
   如果你不能去，我就自己去。
9. 만약 그가 이 커피를 마신다면, 내가 너에게 5천 위안을 주겠다.
   如果他喝这杯咖啡，我就给你五千块。
10. 다행히 당신이 왔기 때문에 내가 길을 잃지 않았어요.
    幸亏你来了，我才没迷路。
11. 다행히 아래가 모래땅이어서 아이가 다치지 않았습니다.
    幸亏下面是沙地，孩子才没受伤。
12. 다행히 그가 왔기 때문에 기회를 놓치지 않았습니다.
    幸亏他来了，才没失去机会。
13. 등산 갈 때는 운동화를 신어야 합니다. 그렇지 않으면 발이 아플 겁니다.
    去爬山要穿运动鞋，不然脚会很疼。
14. 너 빨리 내 책을 나에게 돌려줘. 그렇지 않으면 나는 복습할 방법이 없어.
    你快把我的书还给我，不然我没办法复习。
15. 그는 틀림없이 일이 있을 겁니다. 그렇지 않으면 그가 지각할 리가 없습니다.
    他一定会有事儿，不然他不会迟到的。
16. 다시 잘못을 저질러서는 안 돼. 그렇지 않으면 선생님이 우리를 용서하지 않을 거야.
    不能再犯错，不然老师不会原谅我们的。
17. 앞으로 단 것을 먹지 마라. 그렇지 않으면 또 치과에 가야 할 거야.
    以后别吃甜的了，不然又要去牙科了。
18. 앞으로 술을 마시지 마라. 그렇지 않으면 엄마가 다시 용서하지 않을 거야.
    以后别喝酒了，不然妈妈再也不会原谅的。

课文 10 p.133

01
1. 妈妈很少用塑料袋，是为了保护环境。
   엄마가 비닐봉투를 거의 사용하지 않는 것은 환경을 보호하기 위해서입니다.
2. 过马路要小心，以免发生交通事故。
   교통사고가 발생하지 않도록 도로를 건널 때는 조심해야 합니다.
3. 为了在晚饭以前做完作业，弟弟从下午两点就没休息。
   저녁식사 전에 숙제를 다 하기 위해 남동생은 오후 2시부터 쉬지 않았습니다.
4. 你参加还是不参加最好尽快通知，以便安排车辆和住宿。
   차량과 숙박 안배가 수월하도록 당신이 참가할 건지 아닌지 가능하면 빨리 알려주세요.
5. 骑摩托车必须戴上头盔，是为了求安全。
   오토바이를 탈 때 반드시 헬멧을 써야 하는 것은 안전을 기하기 위함이다.
6. 我们公司最近增加了产品的品种，以满足消费者的需求。
   소비자의 수요를 충족시키기 위하여 우리 회사는 최근에 생산품의 종류를 늘렸습니다.

02
1. 불의의 사고가 발생하지 않도록 여름철에는 정기적으로 차량을 점검해야 합니다.
   夏季要定期保养车辆，以免发生意外。
2. 정시 출발의 편의를 위해서 내일 여러분은 8시 전에 학교 정문에 집합하세요.
   明天大家八点前到学校门口集合，以便准时出发。
3. 실수하지 않도록 숙제를 다 한 다음에는 반복해서 검사해야 합니다.
   做完作业要反复检查，以免出错。
4. 공기가 통하기 쉽게 엄마는 나에게 창문을 열라고 시키십니다.
   妈妈叫我把窗户打开，以便流通空气。
5. 중국인과 중국어로 잡담을 나누는 데 편리하려고 나는 중국어를 공부합니다.

연습문제 정답

我学习汉语，以便跟中国人用汉语聊天。

03
1. 내일 일찍 일어나야 하니 늦잠 자는 일이 없도록 가능하면 알람을 맞추어라.
   明天要早起，你最好定闹钟，以免睡过头。
2. 노트북을 사기 위해 나는 지난 달부터 슈퍼마켓에서 아르바이트를 합니다.
   为了买笔记本电脑，我从上个月开始在超市打工。
3. 날씨가 건조하고 더우니 화재가 발생하는 일이 없도록 반드시 방화 작업을 잘 해두어야 합니다.
   天气干热，一定要做好防火工作，以免发生火灾。
4. 그들이 이사를 가려는 것은 아이가 학교 다니기 편하게 하기 위해서이다.
   他们要搬家，是为了让孩子上学方便。
5. 우리가 준비를 갖추기 쉽도록 당신은 오기 전에 먼저 우리에게 전화라도 해 주세요.
   你来以前先给我们打个电话，以便我们做好准备。

04
1. 자빠지지 않도록 비 오는 날에는 길을 걸을 때 조심해야 합니다.
   雨天走路要小心，以免摔倒。
2. 장래에 좋은 대학에 합격하는 데 도움이 되려면 지금 열심히 공부해야 합니다.
   你现在应该好好学习，以便将来考上好大学。
3. 살을 빼기 위해서 그녀는 저녁밥조차도 먹지 않습니다.
   为了减肥，她就连晚饭也不吃。
4. 언니가 저녁밥을 먹지 않는 것은 살을 빼기 위해서입니다.
   姐姐不吃晚饭，是为了减肥。
5. 미래에 후회하는 일이 없도록 지금 열심히 공부해라.
   现在好好学习，以免将来后悔。
6. 아이들에게 생명의 소중함을 알게 하기 위해서 요즘 많은 가정에서 강아지를 기릅니다.
   现在很多家庭养小狗，以便让孩子们懂得生命的宝贵。

05
1. 결혼하기 위해 그는 벌써부터 돈을 모으기 시작했습니다.
   为了结婚，他早就开始攒钱了。
2. 돈을 아끼기 위해 그는 저녁밥조차 먹지 않습니다.
   为了省钱，他就连晚饭也不吃。
3. 환경 보호를 위해서 엄마는 비닐봉투를 거의 사용하지 않습니다.
   为了保护环境，妈妈很少用塑料袋。
4. 돈을 조금 더 많이 벌기 위해서 아빠는 여러 가지 일을 했습니다.
   为了多赚点儿钱，爸爸做了好几份工作。
5. 아이가 학교에 다니기 편하게 하기 위해서 그들은 이사를 가려고 합니다.
   为了让孩子上学方便，他们要搬家。
6. 영어를 마스터하기 위해 그는 오늘 저녁부터 영어 뉴스를 한 시간씩 듣기 시작하려고 합니다.
   为了学好英语，他打算从今天晚上就开始听一个小时的英语新闻。
7. 안전을 기하기 위해서 오토바이를 탈 때는 반드시 헬멧을 써야 합니다.
   为了求安全，骑摩托车就必须戴上头盔。
8. 반장으로 뽑히기 위해서 그는 평소에 급우들에게 무척 잘합니다.
   为了被选为班长，他平时就对同学们很好。
9. 그가 돈을 모으는 것은 결혼하기 위해서입니다.
   他攒钱，是为了结婚。
10. 그가 저녁밥을 먹지 않는 것은 돈을 아끼기 위해서입니다.
    他不吃晚饭，是为了省钱。
11. 내가 지난 달부터 슈퍼마켓에서 일하기 시작한 것은 노트북을 사기 위해서입니다.
    我从上个月开始在超市打工，是为了买

12. 아빠가 여러 가지 일을 하는 것은 돈을 좀 더 많이 벌기 위해서입니다.
爸爸做好几份工作，是为了多赚点儿钱。
13. 그가 오후 2시부터 쉬지 않은 것은 저녁식사 전에 숙제를 다 하기 위해서입니다.
他从下午两点就没休息，是为了在晚饭以前做完作业。
14. 그가 평소에 급우들에게 잘하는 것은 반장으로 뽑히기 위해서입니다.
他平时对同学们很好，是为了被选为班长。
15. 일어날지도 모르는 파업을 준비하기 위해 우리 회사의 노동조합은 모금운동을 시작했습니다.
我们公司的工会开始了募捐活动，以准备可能出现的罢工。
16. 공군의 전투력을 향상시키기 위해 한국 공군은 한 달 예정의 군사 훈련을 실시합니다.
韩国空军举行为期一个月的军事演习，以提高空军的战斗力。
17. 복습의 편의를 위해 수업할 때 필기를 잘 해라.
上课时，你要好好记笔记，以便复习。
18. 차량과 숙소 안배의 편의를 위해 여행 갈 사람은 미리 등록을 해야 합니다.
要去旅游的人得先报名，以便安排车辆和住宿。
19. 새로 나온 단어를 찾아 보기 수월하도록 너희들은 사전을 한 권 준비해야 한다.
你们要准备一本词典，以便查看生词。
20. 내일 잊는 일이 없도록 이것을 적어 놓으세요.
你把这个记下来，以免明天忘了。
21. 불의의 사고가 발생하지 않도록 철로 위를 절대로 걸어 다니지 마시오.
千万不要在铁轨上行走，以免发生意外。
22. 환부에 염증이 생기지 않도록 얼른 소독해요.
你快消毒，以免伤口发炎。

课文 11  p.145

01
1. 내 여동생은 돈만 있으면 은행에 저축하러 갑니다.
我妹妹只要有钱，就去银行存款。
2. 이 병은 내가 아무리 힘을 써도 열리질 않습니다.
这个瓶子不管我怎么用力，都打不开。
3. 당신이 만족하기만 한다면 저는 안심입니다.
只要你满意，我就放心了。
4. 그 곳은 배를 타야만 갈 수 있습니다.
那个地方只有坐船，才能去。
5. 시간만 있으면 그녀는 엄마를 도와 집안일을 합니다.
只要有时间，她就帮妈妈做家务。
6. 이 스타일이면 됩니다. 무슨 색깔이든 상관없어요.
只要是这个款式就可以，什么颜色都没关系。
7. 먼저 다른 사람을 존중해야만 다른 사람의 존중을 얻을 수 있습니다.
只有先尊重别人，才会得到别人的尊重。
8. 몇 번을 실패하든 상관없이 우리는 포기하지 않을 것입니다.
不管失败多少次，我们都不会放弃的。
9. 나만이 그 사람을 압니다.
只有我才认识他。
10. 주사 한 대 맞고, 약 좀 먹고 이삼 일 쉬면 당신의 병은 좋아질 것입니다.
只要打一针、吃点儿药、休息两三天，你的病就会好的。

02
1. 아빠가 찬성하기만 하면 나는 중국에 유학 갈 수 있습니다.
只要爸爸赞成，我就可以去中国留学了。
2. 당신이 원하기만 하면 제가 당신을 공항에 보내드리겠습니다.
只要你愿意，我就送你去机场。

29

연습문제 정답

3. 당신이 먼저 학비를 지불해야만, 학교가 당신을 받아들일 것입니다.
   你只有先交学费，学校才会接受你。
4. 꾸준히 노력하기만 하면 성공하는 날이 올 것입니다.
   只要一直努力，就会有成功的一天。
5. 집 인테리어를 다 해야만 우리가 이사 들어갈 수 있습니다.
   只有房子装修好了，我们才能搬进去。
6. 당신이 어디를 가고 싶어하든 저는 당신을 모시고 갈 수 있습니다.
   不管你想去哪儿，我都可以陪你去。
7. 일의 전말을 이해해야만 문제를 해결할 수 있습니다.
   只有了解事情的始末，才能解决问题。
8. 우리 형은 운동을 아주 좋아해서 어떤 운동이든 다 좋아합니다.
   我哥哥非常喜欢运动，不管什么运动他都喜欢。
9. 이런 옷은 결혼식에 참석할 때만 입을 기회가 있습니다.
   这种衣服只有参加婚礼的时候才有机会穿。
10. 영화를 보러 가든 아니면 거리를 구경하러 가든 나는 다 괜찮습니다.
    不管去看电影还是去逛街，我都可以。

03 1. 자신만이 자기 미래의 방향을 결정할 수 있습니다.
      只有自己，才能决定自己未来的方向。
    2. 이런 방법을 사용해야만 이런 병을 치료할 수 있습니다.
      只有用这种方法，才能治好这种病。
    3. 그녀의 딸은 아주 귀여워서, 누구든 관계없이 그 아이를 보면 다 좋아합니다.
      她的女儿很可爱，不管谁见了她都喜欢。
    4. 내가 가든 안 가든 상관없이 당신에게 알려주겠습니다.
      不管我去不去，我都会告诉你的。
    5. 우리들이 믿음만 있다면 이 일을 잘 해낼 수 있습니다.
      我们只要有信心，就能办好这件事。
    6. 그가 좋은 사람이든 나쁜 사람이든 그의 부모는 여전히 그를 사랑할 것입니다.
      不管他是好人还是坏人，他的父母还是都会爱他。
    7. 당신이 말하지만 않는다면 이 비밀은 누가 알 리 없습니다.
      只要你不说，这个秘密就不会有人知道。
    8. 이번 주가 되었든 다음 주가 되었든 상관없이 나는 다 시간이 없습니다.
      不管这个星期还是下个星期，我都没有时间。
    9. 열심히 공부해야만 좋은 대학에 합격할 수 있습니다.
      只有努力学习，才能考上好大学。
    10. 일이 아무리 바쁘더라도, 그는 언제나 시간을 내어 몸을 단련합니다.
      不管工作多忙，他都要抽出时间去锻炼身体。

04 1. 그는 돈만 있으면 책을 사러 서점에 갑니다.
      他只要有钱，就去书店买书。
    2. 그녀는 돈만 있으면 옷을 사러 백화점에 갑니다.
      她只要有钱，就去百货商场买衣服。
    3. 내 남동생은 돈만 있으면 먹을 것을 사러 갑니다.
      我弟弟只要有钱，就去买吃的。
    4. 시간만 있으면 그는 놀러 나갑니다.
      只要有时间，他就出去玩儿。
    5. 시간만 있으면 그는 수업 내용을 복습합니다.
      只要有时间，他就复习功课。
    6. 약만 좀 먹으면 당신의 병은 금방 좋아질 것입니다.
      只要吃点儿药，你的病马上就会好的。
    7. 당신이 좋아하기만 하면 나는 안심입니다.
      只要你喜欢，我就放心了。
    8. 비가 일단 그치기만 하면 우리는 금방 출발할 겁니다.

只要雨一停，我们马上就出发。

9. 많이 듣고, 많이 말하고, 많이 연습해야만 중국어를 마스터할 수 있습니다.
只有多听、多说、多练习，才能学好汉语。

10. 저녁밥을 먹지 않아야만 살을 뺄 수 있습니다.
你只有不吃晚饭，才能减肥。

11. 아빠가 중국으로 유학 가는 것을 허락해야만 나는 갈 수 있습니다.
只有爸爸答应我去中国留学，我才能去。

12. 그 사람만이 이 일의 자초지종을 알고 있습니다.
只有他才知道这件事的来龙去脉。

13. 그 사람만이 나를 압니다.
只有他才认识我。

14. 여기에 서 있어야지만 볼 수 있습니다.
只有站在这儿，才能看见。

15. 지하철을 타야만 지각하지 않을 겁니다.
只有坐地铁，才不会迟到。

16. 그 곳은 비행기를 타야만 갈 수 있습니다.
那个地方只有坐飞机，才能去。

17. 양식을 먹든 중식을 먹든 간에 나는 다 좋아합니다.
不管吃西餐还是吃中餐，我都喜欢。

18. 당신이 가든 내가 가든 그들은 모두 환영할 겁니다.
不管你去还是我去，他们都会欢迎的。

19. 수학이든 영어든 상관없이 그의 성적은 다 안 좋습니다.
不管数学还是英语，他的成绩都不好。

20. 중국어든 영어든 상관없이 나는 다 배우고 싶습니다.
不管是汉语还是英语，我都想学习。

21. 당신이 원하든 원하지 않든 간에 내일 당신은 와야 합니다
不管你愿意不愿意，明天你都得来。

22. 그녀는 바쁘든 바쁘지 않든 상관없이 올 것입니다.
她不管忙不忙，都会来的。

23. 무슨 일을 하든 모두 열심히 해나가야 합니다.
不管做什么工作，都要努力去做。

24. 그는 어디를 여행하러 가든 상관없이 늘 사진기를 가지고 갑니다.
他不管去哪儿旅游，总要带相机。

25. 아무리 추워도 그녀는 미니스커트를 입습니다.
不管多么冷，她都穿迷你裙。

26. 이 일이 아무리 힘들어도 우리는 완성해야만 합니다.
不管这份工作多么困难，我们都要完成。

27. 어떤 날씨가 되었든 상관없이 할아버지는 몸을 단련하러 공원에 가십니다.
不管什么样的天气，爷爷都要去公园锻炼身体。

28. 내일 날씨가 아무리 추워도 그녀는 운동회에 참가하기로 결심했습니다.
不管明天天气多么冷，她都决定要参加运动会。

复习 12

1 连 + 一 + … + 都/也 + 不/没

1. 그는 밥 한 술조차 먹지 않았다.
他连一口饭都没吃。

2. 그는 이 글자조차 모릅니다.
他连这个字都不认识。

3. 그는 오늘 얼굴조차 씻지 않았습니다.
他今天连脸都没洗。

4. 그 아이는 자기 이름조차 쓸 줄 모릅니다.
那个孩子连自己的名字都不会写。

5. 요 며칠 나는 신문을 볼 시간조차 없습니다.
这几天我连看报的时间都没有。

2 不但 + P + 而且 + Q

1. 그녀만 중국어를 할 줄 아는 게 아니라 그녀의 언니도 중국어를 할 줄 압니다.
不但她会说汉语，而且她姐姐也会说汉语。

31

연습문제 정답

2. 아빠만 오신 게 아니라 엄마도 오셨습니다.
   不但爸爸来了，而且妈妈也来了。
3. 그 사람만 커피 마시는 걸 좋아하지 않는 것이 아니라 그의 아버지도 커피 마시는 걸 좋아하지 않습니다.
   不但他不喜欢喝咖啡，而且他爸爸也不喜欢喝咖啡。
4. 우리 언니는 영어를 할 줄 알뿐만 아니라 중국어도 할 줄 압니다.
   我姐姐不但会说英语，而且还会说汉语。
5. 그는 공부만 잘하는 것이 아니라 인간관계도 좋습니다.
   他不但学习很好，而且人缘也很好。

❸ 不仅 + P + 就是 + 也 + Q

1. 그는 집에서뿐만 아니라 학교에서도 말을 잘 듣습니다.
   他不仅在家里，就是在学校里也很听话。
2. 그는 소설은커녕 신문도 보지 않습니다.
   他不仅小说，就是报纸也不看。
3. 좋아하는 걸 먹는 건 둘째치고 먹기 싫어하는 것 또한 먹어야 합니다.
   不仅爱吃的东西应该吃，就是不爱吃的东西也应该吃。
4. 이 소식은 나뿐만 아니라 아버지도 흥분하게 만들었습니다.
   这个消息不仅让我，就是让爸爸也很激动。
5. 그가 하는 말은 우리만 못 알아 듣는 게 아니라 그의 아빠 엄마도 알아 듣지 못합니다.
   他说的话，不仅我们听不懂，就是他爸爸妈妈也听不懂。

❹ 除了 + P + (以外) + 还 + Q

1. 나는 오늘 중국어 수업 이외에 영어 수업도 있습니다.
   我今天除了有汉语课以外，还有英语课。
2. 저는 수요일 외에 다른 날은 다 바쁩니다.
   我除了星期三以外，其他天都很忙。

3. 그를 제외하고 누구도 샤오장을 좋아하지 않습니다.
   除了他以外，谁也不喜欢小张。
4. 중국은 다민족 국가입니다. 한족 이외에도 55개의 소수민족이 있습니다.
   中国是一个多民族国家，除了汉族以外，还有55个少数民族。
5. 뉴스 프로를 시청하는 것을 제외하면 그는 거의 텔레비전을 보지 않습니다.
   除了看新闻节目以外，他几乎不看电视。

❺ 虽然 + P + 但是/不过 + Q

1. 그는 비록 일이 무척 바쁘기는 하지만, 매일 몸을 단련하러 꾸준히 공원에 갑니다.
   他虽然工作很忙，但是每天都坚持去公园锻炼身体。
2. 비록 이번 성적은 그다지 좋지 않지만, 엄마는 나를 나무라지 않았습니다.
   虽然这次成绩不太好，但是妈妈没有责怪我。
3. 여동생은 비록 10살에 불과하지만, 벌써 철이 많이 들었습니다.
   妹妹虽然才10岁，但是已经很懂事了。
4. 비록 나는 음치이기는 하지만 음악은 좋아합니다.
   虽然我五音不全，但是我很喜欢音乐。
5. 이 스웨터는 비록 예쁘기는 하지만 너무 비쌉니다.
   这件毛衣虽然很漂亮，但是太贵了。

❻ 哪怕 + P + 也 + Q

1. 그가 안 먹고 안 잔다고 해도, 이렇게 많은 일을 완성할 수는 없다.
   哪怕他不吃不睡，也完不成这么多工作。
2. 오늘 저녁에 설령 세 시간밖에 안 자는 한이 있어도 나는 숙제를 마칠 것입니다.
   今天晚上，哪怕只睡三个小时，我也要做完作业。
3. 설령 내일 바람 불고 비가 오더라도 나는

등교할 거야.
哪怕明天刮风下雨，我也要上学。

4. 비록 단 한 사람이 반대를 하더라도 이 방안은 통과할 수 없습니다.
哪怕只有一个人反对，这个方案也不能通过。

❼ 即使＋P＋也＋Q

1. 설령 하늘이 무너진다고 해도 나는 두렵지 않습니다.
即使天塌下来，我也不怕。

2. 일이 아무리 바쁘더라도 몸을 단련하러 가야 합니다.
即使工作再忙，也应该去锻炼身体。

3. 그가 당신의 주소를 모른다 해도 당신을 찾을 수 있습니다.
即使他不知道你的地址，也能找到你。

4. 산이 제아무리 높더라도 나는 산 정상에 오를 것입니다.
即使山再高，我也要爬上山顶。

5. 비록 그러고 해도 어려움에 봉착할 때가 있습니다.
即使他，也有遇到困难的时候。

❽ 尽管＋P＋还是＋Q

1. 그는 나이가 많지 않음에도 불구하고, 그래도 철이 들었습니다.
尽管他年纪不大，还是很懂事。

2. 그는 몸이 좋지 않음에도 불구하고 여전히 일하기를 고집합니다.
尽管他身体不好，还是坚持工作。

3. 그가 나를 좋지 않게 대함에도 불구하고 나는 여전히 그를 좋아합니다.
尽管他对我不好，我还是喜欢他。

4. 집에 돈이 없음에도 불구하고 그는 여전히 미국 유학 가기를 고집합니다.
尽管家里没有钱，他还是坚持去美国留学。

5. 아빠는 바쁨에도 불구하고 일요일이면 여전히 나와 놀아줍니다.
尽管爸爸很忙，星期天他还是陪我玩。

❾ P＋只是＋Q

1. 중국어는 재미있기는 한데, 다만 성조가 좀 어려울 뿐입니다.
汉语很有意思，只是声调有点儿难。

2. 나 역시 거기에 무척 놀러 가고 싶기는 한데, 다만 오늘 짬이 없어요.
我也很想去那儿玩，只是今天没有空儿。

3. 이 옷은 예쁘기는 한데, 다만 너무 비싼 게 흠입니다.
这件衣服很好看，只是太贵了。

4. 이 집은 꽤 괜찮기는 한데, 다만 회사에서 너무 멀다는 게 흠입니다.
这套房子很不错，只是离公司太远了。

5. 오늘 날씨가 좋기는 한데, 다만 바람이 좀 있는 게 흠입니다.
今天天气很好，只是有点儿风。

❿ 如果＋P＋(的话)＋(就)＋Q

1. 만약 햇빛과 물이 없다면, 모든 생물은 생존할 수 없습니다.
如果没有阳光和水，所有的生物就不能生存。

2. 만약 시간이 있으면 당신을 만나러 가겠습니다.
如果有时间，我就去看你。

3. 만약 이번 시험에 불합격한다면, 졸업하는 데 문제가 생길 겁니다.
如果这次考试不及格，毕业就会有问题了。

4. 만약 당신이 이 요리가 맛없다고 느껴진다면 저에게 말씀하세요.
如果你觉得这道菜不好吃，就告诉我。

5. 만약 그날 비가 온다면 나는 가지 않기로 했습니다.
如果那天下雨，我就不去了。

6. 만약 그가 말하지 않으면 네가 그에게 묻지

33

연습문제 정답

마라.
如果他不说，你就别问他。

⑪ 幸亏 + P + 才 + Q

1. 다행히 우산을 가지고 있어서 비에 젖지 않았습니다.
   幸亏带了雨伞，才没被雨淋着。
2. 다행히 네가 사전에 나에게 알려 주어서 헛걸음하지 않았어.
   幸亏你提前通知了我，我才没白跑一趟。
3. 다행히 네가 나를 환기시켜 주어서 나는 지각하지 않았어.
   幸亏你提醒了我，我才没迟到。
4. 다행히 운전기사가 제때에 차를 세워서 그 노인을 치지 않았습니다.
   幸亏司机及时停了车，才没撞倒那位老人。
5. 다행히 당신이 왔기 때문에 내가 길을 잃지 않았어요.
   幸亏你来了，我才没迷路。
6. 다행히 아래가 모래땅이어서 아이가 다치지 않았습니다.
   幸亏下面是沙地，孩子才没受伤。
7. 다행히 그가 왔기 때문에 기회를 놓치지 않았습니다.
   幸亏他来了，才没失去机会。

⑫ P + 不然 + Q

1. 등산 갈 때는 운동화를 신어야 합니다. 그렇지 않으면 발이 아플 겁니다.
   去爬山要穿运动鞋，不然脚会很疼。
2. 너 빨리 내 책을 나에게 돌려줘. 그렇지 않으면 나는 복습할 방법이 없어.
   你快把我的书还给我，不然我没办法复习。
3. 앞으로 단 것을 먹지 마라. 그렇지 않으면 다시 치과에 가야 할 거야.
   以后别吃甜的了，不然又要去牙科了。
4. 앞으로 술을 마시지 마라. 그렇지 않으면 엄마가 다시 용서하지 않을 거야.
   以后别喝酒了，不然妈妈再也不会原谅的。
5. 베란다의 꽃에 자주 물을 줘야 합니다. 그렇지 않으면 말라 죽을 겁니다.
   阳台上的花要常常浇水，不然会枯死。
6. 오토바이를 탈 때는 헬멧을 써야 합니다. 그렇지 않으면 위험합니다.
   骑摩托车要戴头盔，不然很危险。
7. 틀림없이 기차가 연착했을 겁니다. 그렇지 않다면 그가 지금 당연히 도착했을 테니까요.
   一定是火车晚点了，不然他现在应该到了。

⑬ 为了 + P + (就) + Q

1. 결혼하기 위해 그는 벌써부터 돈을 모으기 시작했습니다.
   为了结婚，他早就开始攒钱了。
2. 돈을 조금 더 많이 벌기 위해서 아빠는 여러 가지 일을 했습니다.
   为了多赚点儿钱，爸爸做了好几份工作。
3. 영어를 마스터하기 위해 그는 오늘 저녁부터 영어 뉴스를 한 시간씩 듣기 시작하려고 합니다.
   为了学好英语，他打算从今天晚上开始听一个小时的英语新闻。
4. 반장으로 뽑히기 위해서 그는 평소에 급우들에게 무척 잘 합니다.
   为了被选为班长，他平时就对同学很好。
5. 돈을 아끼기 위해 그는 저녁밥조차 먹지 않습니다.
   为了省钱，他就连晚饭也不吃。

⑭ 为了 + P + 才 + Q + (的)

1. 그는 아이의 생명을 구하기 위해서 이렇게 심한 부상을 입은 것입니다.
   他为了救孩子的生命，才受了这么重的伤。
2. 일 때문에 내가 당신에게 부탁하러 온 겁니다.

    为了工作，我才来求你的。
3. 그녀는 돈 때문에 나에게 접근한 것입니다.
    她为了钱，才接近我的。

⑮ P + 是为了 + Q

1. 엄마가 비닐봉투를 거의 사용하지 않는 것은 환경을 보호하기 위해서입니다.
    妈妈很少用塑料袋，是为了保护环境。
2. 그들이 이사를 가려는 것은 아이가 학교 다니기 편하게 하기 위해서입니다.
    他们要搬家，是为了让孩子上学方便。
3. 언니가 저녁밥을 먹지 않는 것은 살을 빼기 위해서입니다.
    姐姐不吃晚饭，是为了减肥。
4. 그가 돈을 모으는 것은 결혼하기 위해서입니다.
    他攒钱，是为了结婚。
5. 그가 저녁밥을 먹지 않는 것은 돈을 아끼기 위해서입니다.
    他不吃晚饭，是为了省钱。

⑯ P + 以便 + Q

1. 복습의 편의를 위해 수업할 때 필기를 잘 해라.
    上课时，你要好好记笔记，以便复习。
2. 모르는 단어를 찾아 보기 수월하도록 너희들은 사전을 한 권 준비해야 한다.
    你们要准备一本词典，以便查看生词。
3. 공기가 통하기 쉽게 엄마는 나에게 창문을 열라고 시키신다.
    妈妈叫我把窗户打开，以便流通空气。
4. 중국인과 중국어로 잡담을 나누는 데 편리하려고 나는 중국어를 공부합니다.
    我学习汉语，以便跟中国人用汉语聊天。

⑰ P + 以免 + Q

1. 내일 잊지 않도록 이것을 적어 놓으세요.
    你把这个记下来，以免明天忘了。
2. 상처에 염증이 생기지 않도록 얼른 소독해요.
    你快消毒，以免伤口发炎。
3. 불의의 사고가 발생하지 않도록 여름철에는 정기적으로 차량을 점검해야 합니다.
    夏季要定期保养车辆，以免发生意外。
4. 내일 일찍 일어나야 하니 늦잠 자는 일이 없도록 가능하면 알람을 맞추어라.
    明天要早起，你最好定闹钟，以免睡过头。

⑱ 只要 + P + 就/便 + Q

1. 내 여동생은 돈만 있으면 은행에 저축하러 갑니다.
    我妹妹只要有钱，就去银行存款。
2. 시간만 있으면 그녀는 엄마를 도와 집안일을 합니다.
    她只要有时间，就帮妈妈做家务。
3. 그녀는 돈만 있으면 옷을 사러 백화점에 갑니다.
    她只要有钱，就去百货商场买衣服。
4. 당신이 만족하기만 한다면 저는 안심입니다.
    只要你满意，我就放心了。
5. 아빠가 찬성하기만 하면 나는 중국에 유학 갈 수 있습니다.
    只要爸爸赞成，我就可以去中国留学了。
6. 비가 일단 그치기만 하면 우리는 금방 출발할 겁니다.
    只要雨一停，我们马上就出发。

⑲ 只有 + P + 才 + (能) + Q

1. 그 곳은 배를 타야만 갈 수 있습니다.
    那个地方只有坐船，才能去。
2. 나만이 그 사람을 압니다.
    只有我，才认识他。
3. 이런 옷은 결혼식에 참석할 때만 입을 기회가 있습니다.
    这种衣服只有参加婚礼的时候，才有机会穿。
4. 자신만이 자기 미래의 방향을 결정할 수 있습니다.

연습문제 정답

只有自己，才能决定自己未来的方向。

5. 이런 방법을 사용해야만 이런 병을 치료할 수 있습니다.
   只有用这种方法，才能治好这种病。
6. 열심히 공부해야만 좋은 대학에 합격할 수 있습니다.
   只有努力学习，才能考上好大学。
7. 지하철을 타야지만 지각하지 않을 겁니다.
   只有坐地铁，才不会迟到。

⑳ 不管＋P＋都/也＋Q

1. 이 병은 내가 아무리 힘을 써도 열리질 않습니다.
   这个瓶子不管我怎么用力，都打不开。
2. 몇 번을 실패하든 상관없이 우리는 포기하지 않을 것입니다.
   不管失败多少次，我们都不会放弃的。
3. 당신이 어디를 가고 싶어하든 저는 당신을 모시고 갈 수 있습니다.
   不管你想去哪儿，我都可以陪你去。
4. 영화를 보러 가든 아니면 거리를 구경하러 가든 나는 다 괜찮습니다.
   不管去看电影还是去逛街，我都可以。
5. 그가 좋은 사람이든 나쁜 사람이든 그의 부모는 여전히 그를 사랑할 것입니다.
   不管他是好人还是坏人，他的父母还是都会爱他。
6. 이번 주가 되었든 다음 주가 되었든 상관없이 나는 다 시간이 없습니다.
   不管这个星期还是下个星期，我都没有时间。
7. 당신이 원하든 원하지 않든 간에 내일 당신은 와야 합니다.
   不管你愿意不愿意，明天你都得来。
8. 그녀는 바쁘든 바쁘지 않든 상관없이 올 것입니다.
   她不管忙不忙，都会来的。

⟨중국어뱅크 스마트 중국어 작문⟩으로
작문도 스마트하게 공부하자!

Smart 1 복문 위주의 학습으로 긴 문장도 자유자재로!
복문 위주로 엄선된 구문만을 철저하게 학습하고 꼼꼼하게 연습하여
좀 더 긴 문장도 막힘없이 술술 작문해낼 수 있도록 구성했다.

Smart 2 중국어 작문의 포인트를 콕 집어 내 실력으로!
작문에 필요한 포인트는 따로 있다! 그 포인트만을 제대로 집어주어,
쉽고 빠르게 작문에 도전할 수 있도록 했다.

Smart 3 중국어 강의 경험과 노하우를 한 권에!
지은이의 수년간의 중국어 강의 경험과 노하우를 모두 담아낸 알찬 교재로,
기본 문법과 작문을 동시에 해결할 수 있다.

Smart 4 체계적인 작문 연습문제로 중국어 전문가로!
다양하고 방대한 분량의 연습문제는 작문 전문가를 위해
체계적으로 구성되어 있어 중국어 작문에 자신감을 심어준다.

외국어 출판 40년의 신뢰
외국어 전문 출판 그룹
동양북스가 만드는 책은 다릅니다.

40년의 쉼 없는 노력과 도전으로 책 만들기에 최선을 다해온 동양북스는
오늘도 미래의 가치에 투자하고 있습니다.
대한민국의 내일을 생각하는 도전 정신과 믿음으로 최선을 다하겠습니다.

동양북스 추천 교재

일본어 교재의 최강자, 동양북스 추천 교재

회화 코스북

일본어뱅크 다이스키
STEP 1·2·3·4·5·6·7·8

일본어뱅크
좋아요 일본어 1·2·3·4·5·6

일본어뱅크 도모다찌
STEP 1·2·3

분야서

일본어뱅크
좋아요 일본어 독해 STEP 1·2

일본어뱅크
일본어 작문 초급

일본어뱅크
사진과 함께하는
일본 문화

일본어뱅크
항공 서비스 일본어

가장 쉬운 독학
일본어 현지회화

수험서

일취월장 JPT
독해·청해

일취월장 JPT
실전 모의고사 500·700

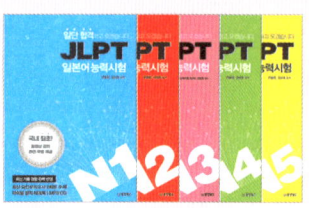
일단 합격하고 오겠습니다
JLPT 일본어능력시험
N1·N2·N3·N4·N5

일단 합격하고 오겠습니다
JLPT 일본어능력시험
실전모의고사 N1·N2·N3·N4/5

단어·한자

특허받은
일본어 한자 암기박사

일본어 상용한자 2136
이거 하나면 끝!

일본어뱅크
좋아요 일본어 한자

가장 쉬운 독학
일본어 단어장

일단 합격하고 오겠습니다
JLPT 일본어능력시험
단어장 N1·N2·N3

중국어 교재의 최강자, 동양북스 추천 교재

중국어뱅크 북경대학 신한어구어
1·2·3·4·5·6

중국어뱅크 스마트중국어
STEP 1·2·3·4

중국어뱅크 집중중국어
STEP 1·2·3·4

중국어뱅크
뉴! 버전업 사진으로
보고 배우는 중국문화

중국어뱅크
문화중국어 1·2

중국어뱅크
관광 중국어 1·2

중국어뱅크
여행실무 중국어

중국어뱅크
호텔 중국어

중국어뱅크
판매 중국어

중국어뱅크
항공 실무 중국어

정반합 新HSK
1급·2급·3급·4급·5급·6급

일단 합격 新HSK 한 권이면 끝
3급·4급·5급·6급

버전업! 新HSK
VOCA 5급·6급

가장 쉬운 독학
중국어 단어장

중국어뱅크
중국어 간체자 1000

특허받은
중국어 한자 암기박사

동양북스 추천 교재

기타외국어 교재의 최강자, 동양북스 추천 교재

중고급 학습

| 첫걸음 끝내고 보는 프랑스어 중고급의 모든 것 | 첫걸음 끝내고 보는 스페인어 중고급의 모든 것 | 첫걸음 끝내고 보는 독일어 중고급의 모든 것 | 첫걸음 끝내고 보는 태국어 중고급의 모든 것 | 첫걸음 끝내고 보는 베트남어 중고급의 모든 것 |

단어장

| 버전업! 가장 쉬운 프랑스어 단어장 | 버전업! 가장 쉬운 스페인어 단어장 | 버전업! 가장 쉬운 독일어 단어장 | 가장 쉬운 독학 베트남어 단어장 |

여행 회화

| NEW 후다닥 여행 중국어 | NEW 후다닥 여행 일본어 | NEW 후다닥 여행 영어 | NEW 후다닥 여행 독일어 | NEW 후다닥 여행 프랑스어 | NEW 후다닥 여행 스페인어 | NEW 후다닥 여행 베트남어 | NEW 후다닥 여행 태국어 |

수험서·교재

| 한 권으로 끝내는 DELE 어휘·쓰기·관용구편 (B2~C1) | 수능 기초 베트남어 한 권이면 끝! | 버전업! 스마트 프랑스어 | 일단 합격하고 오겠습니다 독일어능력시험 A1·A2·B1·B2 |